Wagner · Meistersinger

Richard Wagner

Die Meistersinger
von Nürnberg

Textbuch
der Fassung der Uraufführung
mit Varianten der Partitur

Herausgegeben von Egon Voss

Philipp Reclam jun. Stuttgart

Umschlagabbildung:

Die Meistersinger von Nürnberg; Bayerische Staatsoper
München, 1994
Inszenierung von August Everding, 1979

(Foto: 1994 Wilfried Hösl, München)

Universal-Bibliothek Nr. 5639
Alle Rechte vorbehalten
© 2002 Philipp Reclam jun. GmbH & Co., Stuttgart
Gesamtherstellung: Reclam, Ditzingen. Printed in Germany 2002
RECLAM und UNIVERSAL-BIBLIOTHEK sind eingetragene Marken
der Philipp Reclam jun. GmbH & Co., Stuttgart
ISBN 3-15-005639-X

www.reclam.de

Personen der Handlung

[am Fuß der Seite jeweils die Fassung der Partitur]

HANS SACHS, Schuster — (Baß)*
VEIT POGNER, Goldschmied — (Baß)
KUNZ VOGELGESANG, Kürschner — (Tenor)
KONRAD NACHTIGALL, Spengler — (Baß)
SIXTUS BECKMESSER, Schreiber — (Baß)
FRITZ KOTHNER, Bäcker — (Baß) — Meistersinger
BALTHASAR ZORN, Zinngießer — (Tenor)
ULRICH EISSLINGER, Würzkrämer — (Tenor)
AUGUSTIN MOSER, Schneider — (Tenor)
HERMANN ORTEL, Seifensieder — (Baß)
HANS SCHWARZ, Strumpfwirker — (Baß)
HANS FOLTZ, Kupferschmied — (Baß)

WALTHER VON STOLZING,
   ein junger Ritter aus Franken — (Tenor)
DAVID, Sachsens Lehrbube — (Tenor)
EVA, Pogners Tochter — (Sopran)
MAGDALENE, Evas Amme — (Sopran)
EIN NACHTWÄCHTER — (Baß)

Bürger und Frauen aller Zünfte. Gesellen. Lehrbuben. Mädchen. Volk

Nürnberg
Um die Mitte des 16. Jahrhunderts

*[folgt in der Partitur:]***

---

* *[die Angaben der Stimmlagen nach der Partitur]*
** Besetzung des Orchesters: 3 Flöten (3. auch kleine Flöte), 2 Oboen, 2 Klarinetten, 2 Fagotte, 4 Hörner, 3 Trompeten, 3 Posaunen, Baßtuba, Pauken, Triangel, Becken, große Trommel, Glockenspiel, Harfe, Streichorchester. Auf dem Theater: Hörner, Trompeten, ein Nachtwächter-Stierhorn, Trommeln, Laute.

Erster Aufzug*

Die Bühne stellt das Innere der Katharinenkirche, in schrägem Durchschnitt, dar; von dem Hauptschiff, welches links ab dem Hintergrunde zu sich ausdehnend anzunehmen ist, sind nur noch die letzten Reihen der Kirchstühlbänke sichtbar: den Vordergrund nimmt der freie Raum vor dem Chor ein; dieser wird später durch einen Vorhang gegen das Schiff zu gänzlich abgeschlossen.

Beim Aufzug hört man, unter Orgelbegleitung, von der Gemeinde den letzten Vers eines Chorales, mit welchem der Nachmittagsgottesdienst zur Einleitung des Johannisfestes schließt, singen.

CHORAL DER GEMEINDE.

> Da zu dir der Heiland kam,
> willig deine Taufe nahm,
> weihte sich dem Opfertod,
> gab er uns das Heils Gebot:
> daß wir durch dein' Tauf' uns weih'n,   5
> seines Opfers wert zu sein.
>> Edler Täufer,
>> Christs Vorläufer!
> Nimm uns freundlich an,
> dort am Fluß Jordan.   10

Während des Chorales und dessen Zwischenspielen, entwickelt sich, vom Orchester begleitet, folgende pantomimische Szene:

In der letzten Reihe der Kirchstühle sitzen EVA *und* MAGDALENE; WALTHER V. STOLZING *steht, in einiger Entfernung, zur Seite an eine Säule gelehnt, die Blicke auf* EVA *heftend.* EVA *kehrt sich wiederholt seitwärts nach dem Ritter um,*

---

* [danach:] Erste Szene
9 Nimm uns gnädig an,

*und erwidert seine bald dringend, bald zärtlich durch Ge-
bärden sich ausdrückenden Bitten und Beteuerungen
schüchtern und verschämt, doch seelenvoll und ermutigend.*
MAGDALENE *unterbricht sich öfter im Gesang, um* EVA *zu
zupfen und zur Vorsicht zu mahnen. – Als der Choral zu
Ende ist, und, während eines längeren Orgelnachspieles, die
Gemeinde dem Hauptausgange, welcher links dem Hintergrunde zu anzunehmen ist, sich zuwendet, um allmählich
die Kirche zu verlassen, tritt* WALTHER *an die beiden Frau-
en, welche sich ebenfalls von ihren Sitzen erhoben haben,
und dem Ausgange sich zuwenden wollen, lebhaft heran.*

WALTHER
leise, doch feurig zu Eva.

Verweilt! – Ein Wort! Ein einzig Wort!

EVA
sich rasch zu Magdalene wendend.

Mein Brusttuch! Schau! Wohl liegt's im Ort?

MAGDALENE.

Vergeßlich Kind! Nun heißt es: such!
Sie kehrt nach den Sitzen zurück.

WALTHER.

Fräulein! Verzeiht der Sitte Bruch!
Eines zu wissen, Eines zu fragen,
was nicht müßt' ich zu brechen wagen?   15
Ob Leben oder Tod? Ob Segen oder Fluch?
Mit einem Worte sei mir's vertraut: –
mein Fräulein, sagt –

MAGDALENE
zurückkommend.

Hier ist das Tuch.

---

16 was müßt' ich nicht zu brechen wagen?

EVA.

O weh! die Spange? …

MAGDALENE.

Fiel sie wohl ab?   20

Sie geht, am Boden suchend, wieder zurück.

WALTHER.

Ob Licht und Lust, oder Nacht und Grab?
Ob ich erfahr', wonach ich verlange,
ob ich vernehme, wovor mir graut, –
mein Fräulein, sagt …

MAGDALENE

wieder zurückkommend.

Da ist auch die Spange. –
Komm, Kind! Nun hast du Spang' und Tuch. –   25
O weh! da vergaß ich selbst mein Buch!

Sie kehrt wieder um.

WALTHER.

Dies eine Wort, Ihr sagt mir's nicht?
Die Silbe, die mein Urteil spricht?
Ja, oder: Nein! – ein flücht'ger Laut:
mein Fräulein, sagt, seid Ihr schon Braut?   30

MAGDALENE

die bereits zurückgekommen, verneigt sich vor Walther.

Sieh da, Herr Ritter?
Wie sind wir hochgeehrt:
mit Evchens Schutze
habt Ihr Euch gar beschwert?
Darf den Besuch des Helden   35
ich Meister Pogner melden?

---

21 Ob Licht und Lust, oder Nacht und Tod?

WALTHER

*leidenschaftlich.**

Betrat ich doch nie sein Haus!

MAGDALENE.

Ei, Junker! Was sagt Ihr da aus?
In Nürnberg eben nur angekommen,
wart Ihr nicht freundlich aufgenommen?   40
Was Küch' und Keller, Schrein und Schrank
Euch bot, verdient' es keinen Dank?

EVA.

Gut Lenchen! Ach! das meint er ja nicht.
Doch wohl von mir wünscht er Bericht –
wie sag' ich's schnell? – Versteh' ich's doch kaum! –   45
Mir ist, als wär' ich gar wie im Traum! –
Er frägt, – ob ich schon Braut?

MAGDALENE

sich scheu umsehend.

Hilf Gott! Sprich nicht so laut!
Jetzt laß uns nach Hause gehn;
wenn uns die Leut hier sehn!   50

WALTHER.

Nicht eher, bis ich alles weiß!

EVA.

's ist leer, die Leut sind fort.

MAGDALENE.

Drum eben wird mir heiß!
Herr Ritter, an anderm Ort!

---

* (bitter leidenschaftlich)

37 O, betrat ich doch nie sein Haus!   44 doch von mir wohl
wünscht er Bericht, –   51 Nicht eh'r, bis ich alles weiß!

DAVID *tritt aus der Sakristei ein, und macht sich darüber her, dunkle Vorhänge, welche so angebracht sind, daß sie den Vordergrund der Bühne nach dem Kirchenschiff zu schräg abschließen, aneinander zu ziehen.*

WALTHER.

Nein! Erst dies Wort!

EVA

Magdalene haltend.

Dies Wort?   55

MAGDALENE

die sich bereits umgewendet, erblickt DAVID, *hält an und ruft zärtlich für sich:*

David? Ei! David hier?

EVA

drängend.

Was sag' ich? Sag du's mir!

MAGDALENE

mit Zerstreutheit, öfters nach DAVID *sich umsehend.*

Herr Ritter, was Ihr die Jungfer fragt,
das ist so leichtlich nicht gesagt:
fürwahr ist Evchen Pogner Braut –   60

EVA

schnell unterbrechend.

Doch hat noch keiner den Bräut'gam erschaut.

MAGDALENE.

Den Bräut'gam wohl noch niemand kennt,

---

55 EVA. Dies Wort!

bis morgen ihn das Gericht ernennt,
das dem Meistersinger erteilt den Preis –

EVA
wie zuvor.
Und selbst die Braut ihm reicht das Reis.   65

WALTHER.
Dem Meistersinger?

EVA
bang.
Seid Ihr das nicht?

WALTHER.
Ein Werbgesang?

MAGDALENE.
Vor Wettgericht.

WALTHER.
Den Preis gewinnt?

MAGDALENE.
Wen die Meister meinen.

WALTHER.
Die Braut dann wählt?

EVA
sich vergessend.
Euch, oder keinen!
WALTHER *wendet sich, in großer Aufregung auf- und abge-
hend, zur Seite.*

MAGDALENE
sehr erschrocken.
Was? Evchen! Evchen! Bist du von Sinnen?   70

EVA.

Gut' Lene! hilf mir den Ritter gewinnen!

MAGDALENE.

Sahst ihn doch gestern zum ersten Mal?

EVA.

Das eben schuf mir so schnelle Qual,
daß ich schon längst ihn im Bilde sah: –
sag, trat er nicht ganz wie David nah?   75

MAGDALENE.

Bist du toll? Wie David?

EVA.

         Wie David im Bild.

MAGDALENE.

Ach! meinst du den König mit der Harfen
und langem Bart in der Meister Schild?

EVA.

Nein! der, dess' Kiesel den Goliath warfen,
das Schwert im Gurt, die Schleuder zur Hand,   80
von lichten Locken das Haupt umstrahlt,
wie ihn uns Meister Dürer gemalt.

MAGDALENE
laut seufzend.

Ach, David! David!

DAVID
der herausgegangen und jetzt wieder zurückkommt, ein Li-
neal im Gürtel und ein großes Stück weißer Kreide an einer
Schnur in der Hand schwenkend.
    Da bin ich! Wer ruft?

---

71 Gut' Lene, laß mich den Ritter gewinnen!   81 das Haupt von
lichten Locken umstrahlt,

MAGDALENE.

Ach, David! Was Ihr für Unglück schuft!
Für sich.
Der liebe Schelm! wüßt' er's noch nicht?   85
Laut.
Ei, seht! da hat er uns gar verschlossen?

DAVID
zärtlich zu Magdalene.
Ins Herz Euch allein!

MAGDALENE
beiseite.
                Das treue Gesicht! –
Laut.
Mein sagt! Was treibt Ihr hier für Possen?

DAVID.

Behüt es! Possen? Gar ernste Ding'!
Für die Meister hier richt' ich den Ring.   90

MAGDALENE.

Wie? Gäb' es ein Singen?

DAVID.

                Nur Freiung heut:
der Lehrling wird da losgesprochen,
der nichts wider die Tabulatur verbrochen;
Meister wird, wen die Prob' nicht reut.

MAGDALENE.

Da wär' der Ritter ja am rechten Ort. –   95
Jetzt, Evchen, komm, wir müssen fort.

---

88 Ei, sagt! Was treibt Ihr hier für Possen?

WALTHER
schnell sich zu den Frauen wendend.
Zu Meister Pogner laßt mich euch geleiten.

MAGDALENE.
Erwartet den hier: er ist bald da.
Wollt Ihr Euch Evchens Hand erstreiten,
rückt Ort und Zeit das Glück Euch nah.   100
Zwei Lehrbuben kommen dazu und tragen Bänke.
Jetzt eilig von hinnen!

WALTHER.
Was soll ich beginnen?

MAGDALENE.
Laßt David Euch lehren
die Freiung begehren. –
Davidchen! hör, mein lieber Gesell,   105
den Ritter bewahr hier wohl zur Stell'!
Was Fein's aus der Küch'
bewahr' ich für dich:
und morgen begehr du noch dreister,
wird heut der Junker hier Meister.   110
Sie drängt fort.

EVA
zu Walther.
Seh ich Euch wieder?

WALTHER
feurig.
Heut abend, gewiß! –

___

99 Wollt Ihr Evchens Hand erstreiten,   100 rückt Zeit und Ort das
Glück Euch nah.   106 den Ritter hier bewahr mir wohl zur Stell'!
110 wird hier der Junker heut Meister.

Was ich will wagen,
wie könnt' ich's sagen?
Neu ist mein Herz, neu mein Sinn,
neu ist mir alles, was ich beginn'.   115
Eines nur weiß ich,
Eines begreif' ich:
mit allen Sinnen
Euch zu gewinnen!
Ist's mit dem Schwert nicht, muß es gelingen,   120
gilt es als Meister Euch zu ersingen.
Für Euch Gut und Blut!
Für Euch
Dichters heil'ger Mut!

EVA

mit großer Wärme.

Mein Herz, sel'ger Glut,   125
für Euch
liebesheil'ge Hut!

MAGDALENE.

Schnell heim, sonst geht's nicht gut!

DAVID

Walther messend.

Gleich Meister? Oho! viel Mut!

MAGDALENE *zieht* EVA *rasch durch die Vorhänge fort.*
WALTHER *hat sich, aufgeregt und brütend, in einen erhöhten, kathederartigen Lehnstuhl geworfen, welchen zuvor
zwei Lehrbuben, von der Wand ab, mehr nach der Mitte zu
gerückt hatten.*
Noch mehrere LEHRBUBEN *sind eingetreten: sie tragen und
richten Bänke, und bereiten alles (nach der unten folgenden
Angabe) zur Sitzung der Meistersinger vor.*

123–128 *Ensemble*

1. LEHRBUBE.

David, was stehst?

2. LEHRBUBE.

Greif ans Werk!   130

3. LEHRBUBE.

Hilf uns richten das Gemerk!

DAVID.

Zu eifrigst war ich vor euch allen:
nun schafft für euch; hab' ander Gefallen!

2. LEHRBUBE.

Was der sich dünkt!

3. LEHRBUBE.

Der Lehrling' Muster!

1. LEHRBUBE.

Das macht, weil sein Meister ein Schuster.   135

3. LEHRBUBE.

Beim Leisten sitzt er mit der Feder.

2. LEHRBUBE.

Beim Dichten mit Draht und Pfriem.

1. LEHRBUBE.

Sein' Verse schreibt er auf rohes Leder.

3. LEHRBUBE

mit der entsprechenden Gebärde.

Das, dächt' ich, gerbten wir ihm!

Sie machen sich lachend an die fernere Herrichtung.

---

vor 130 Zweite Szene   130–131 *Abfolge* 2., 1., 2. LEHRBUBE
133 schafft nun für euch, hab' ander Gefallen!   134–139 LEHRBU-
BEN *chorisch besetzt*

DAVID

*nachdem er den sinnenden Ritter eine Weile betrachtet, ruft
sehr stark:*

»Fanget an!«

WALTHER

verwundert aufblickend.

Was soll's?   140

DAVID

noch stärker.

»Fanget an!« – So ruft der »Merker«;
nun sollt Ihr singen: – wißt Ihr das nicht?

WALTHER.

Wer ist der Merker?

DAVID.

Wißt Ihr das nicht?
Wart Ihr noch nie bei 'nem Sing-Gericht?

WALTHER.

Noch nie, wo die Richter Handwerker.   145

DAVID.

Seid Ihr ein »Dichter«?

WALTHER.

Wär' ich's doch!

DAVID.

Waret Ihr »Singer«?

WALTHER.

Wüßt' ich's noch?

---

147 DAVID. Seid Ihr ein »Singer«?

DAVID.

Doch »Schulfreund« wart Ihr, und »Schüler« zuvor?

WALTHER.

Das klingt mir alles fremd vorm Ohr.

DAVID.

Und so gradhin wollt Ihr Meister werden?   150

WALTHER.

Wie machte das so große Beschwerden?

DAVID.

O Lene! Lene!

WALTHER.

      Wie Ihr doch tut!

DAVID.

O Magdalene!

WALTHER.

      Ratet mir gut!

DAVID.

Mein Herr, der Singer Meister-Schlag
gewinnt sich nicht in einem Tag.   155
In Nüremberg der größte Meister,
    mich lehrt die Kunst Hans Sachs;
schon voll ein Jahr mich unterweist er,
    daß ich als Schüler wachs'.
Schuhmacherei und Poeterei,   160
die lern' ich da all einerlei:
hab' ich das Leder glatt geschlagen,
lern' ich Vokal und Konsonanz sagen;
wichs' ich den Draht gar fein und steif,

---

155 gewinnt sich nicht an einem Tag.   164 wichs' ich den Draht
erst fest und steif,

was sich da reimt, ich wohl begreif';   165
            den Pfriemen schwingend,
            im Stich die Ahl',
            was stumpf, was klingend,
            was Maß und Zahl, –
            den Leisten im Schurz –   170
            was lang, was kurz,
            was hart, was lind,
            hell oder blind,
            was Waisen, was Milben,
            was Kleb-Silben,   175
            was Pausen, was Körner,
            Blumen und Dörner,
das alles lernt' ich mit Sorg' und Acht:
wie weit nun meint Ihr, daß ich's gebracht?

        WALTHER.

Wohl zu 'nem Paar recht guter Schuh?   180

        DAVID.

Ja, dahin hat's noch lange Ruh!
Ein »Bar« hat manch Gesätz und Gebänd':
wer da gleich die rechte Regel fänd',
            die richt'ge Naht,
            und den rechten Draht,   185
        mit gut gefügten »Stollen«,
        den Bar recht zu versohlen.
Und dann erst kommt der »Abgesang«;
daß der nicht kurz, und nicht zu lang,
            und auch keinen Reim enthält,   190
            der schon im Stollen gestellt. –
Wer alles das merkt, weiß und kennt,
wird doch immer noch nicht Meister genennt.

---

165 was sich dann reimt, ich wohl begreif'.   169 was Maß, was
Zahl, –   177 was Blumen, was Dörner, –   181 Ja, dahin hat's noch
gute Ruh!

WALTHER.

Hilf Gott! Will ich denn Schuster sein? –
In die Singkunst lieber führ mich ein.   195

DAVID.

Ja, hätt' ich's nur selbst erst zum »Singer« gebracht!
Wer glaubt wohl, was das für Mühe macht?
    Der Meister Tön' und Weisen,
    gar viel an Nam' und Zahl,
    die starken und die leisen,   200
    wer die wüßte allzumal!
Der »kurze«, »lang« und »überlang« Ton,
die »Schreibpapier«-, »Schwarz-Tinten«-Weis';
der »rote«, »blau'« und »grüne« Ton,
die »Hageblüh«-, »Strohhalm«-, »Fengel«-Weis';   205
der »zarte«, der »süße«, der »Rosen«-Ton,
der »kurzen Liebe«, der »vergeßne« Ton;
die »Rosmarin«-, »Gelbveiglein«-Weis',
die »Regenbogen«-, die »Nachtigall«-Weis';
die »englische Zinn«-, die »Zimtröhren«-Weis',   210
»frisch Pomeranzen«-, »grün Lindenblüh«-Weis',
die »Frösch«-, die »Kälber«-, die »Stieglitz«-Weis',
die »abgeschiedene Vielfraß«-Weis';
der »Lerchen«-, der »Schnecken«-, der »Beller«-Ton,
die »Melissenblümlein«-, die »Meiran«-Weis',   215
»Gelblöwenhaut«-, »treu Pelikan«-Weis',
die »buttglänzende Draht«-Weis' ...

WALTHER.

Hilf Himmel! Welch endlos Töne-Geleis'!

DAVID.

Das sind nur die Namen: nun lernt sie singen,
recht wie die Meister sie gestellt!   220

---

196 Ja – hätt' ich's nur selbst schon zum Singer gebracht!   213 die
abgeschied'ne Vielfraßweis',

Jed' Wort und Ton muß klärlich klingen,
wo steigt die Stimm', und wo sie fällt.
Fangt nicht zu hoch, zu tief nicht an,
als es die Stimm' erreichen kann;
mit dem Atem spart, daß er nicht knappt,   225
und gar am End' Ihr überschnappt.
Vor dem Wort mit der Stimme ja nicht summt,
nach dem Wort mit dem Mund auch nicht brummt:
nicht ändert an »Blum'« und »Koloratur«,
jed' Zierat fest nach des Meisters Spur.   230
Verwechseltet Ihr, würdet gar irr,
verlört Ihr Euch, und kämt ins Gewirr, –
          wär' sonst Euch alles gelungen,
          da hättet Ihr gar »versungen«! –
Trotz großem Fleiß und Emsigkeit   235
ich selbst noch bracht' es nie so weit.
So oft ich's versuch', und 's nicht gelingt,
die »Knieriem-Schlag-Weis« der Meister mir singt;
wenn dann Jungfer Lene nicht Hilfe weiß,
sing' ich die »eitel-Brot-und-Wasser-Weis'«! –   240
          Nehmt Euch ein Beispiel dran,
          und laßt von dem Meister-Wahn;
denn »Singer« und »Dichter« müßt Ihr sein,
eh Ihr zum »Meister« kehret ein.

WALTHER.

Wer ist nun Dichter?

LEHRBUBEN

während der Arbeit.
                    David! kommst' her?   245

---

233 wär' sonst Euch alles auch gelungen,   236 ich selbst noch
bracht' es nicht so weit: 242 und laßt vom Meisterwahn!
nach 244 LEHRBUBEN *(während der Arbeit).* David!

DAVID.

Wartet nur, gleich! –
　　　　　Wer Dichter wär'?
Habt Ihr zum »Singer« Euch aufgeschwungen,
und der Meister Töne richtig gesungen,
fügtet Ihr selbst nun Reim' und Wort',
daß sie genau an Stell' und Ort   250
paßten zu einem Meister-Ton,
dann trügt Ihr den Dichterpreis davon.

LEHRBUBEN.

He, David! Soll man's dem Meister klagen?
Wirst' dich bald des Schwatzens entschlagen?

DAVID.

Oho! – Jawohl! Denn helf' ich euch nicht,   255
ohne mich wird alles doch falsch gericht'!

WALTHER.

Nun dies noch: wer wird »Meister« genannt?

DAVID.

Damit, Herr Ritter, ist's so bewandt: –
der Dichter, der aus eignem Fleiße
zu Wort' und Reimen, die er erfand,   260
aus Tönen auch fügt eine neue Weise,
der wird als »Meistersinger« erkannt.

WALTHER
rasch.

So bleibt mir nichts als der Meisterlohn!
　　　　　Soll ich hier singen,
　　　　　kann's nur gelingen,   265
find' ich zum Vers auch den eignen Ton.

---

251 paßten zu eines Meisters Ton, –　　257 Nur dies noch: – wer
wird »Meister« genannt?　　263 So bleibt mir einzig der Meisterlohn!　　264 Muß ich singen,

DAVID

der sich zu den Lehrbuben gewendet.

Was macht ihr denn da? – Ja, fehl' ich beim Werk,
verkehrt nur richtet ihr Stuhl und Gemerk! –
Ist denn heut »Singschul'«? – daß ihr's wißt,
das kleine Gemerk! – nur »Freiung« ist!   270

Die LEHRBUBEN, *welche Anstalt getroffen hatten, in der
Mitte der Bühne ein größeres Gerüste mit Vorhängen auf-
zuschlagen, schaffen auf* DAVIDS *Weisung dies schnell bei
Seite und stellen dafür ebenso eilig ein geringeres Brettbo-
dengerüste auf; darauf stellen sie einen Stuhl mit einem
kleinen Pult davor, daneben eine große schwarze Tafel,
daran die Kreide am Faden aufgehängt wird; um das Ge-
rüst sind schwarze Vorhänge angebracht, welche zunächst
hinten und an beiden Seiten, dann auch vorn ganz zusam-
mengezogen werden.*

DIE LEHRBUBEN

während der Herrichtung.

Aller End' ist doch David der Allergescheit'st!
Nach hohen Ehren gewiß er geizt:
> 's ist Freiung heut;
> gar sicher er freit,
als vornehmer »Singer« schon er sich spreizt!   275
Die »Schlag«-reime fest er inne hat,
»Arm-Hunger«-Weise singt er glatt;
die »harte-Tritt«-Weis' doch kennt er am best',
die trat ihm sein Meister hart und fest!

Sie lachen.

DAVID.

Ja, lacht nur zu! Heut bin ich's nicht;   280

---

272 nach hohen Ehren ganz sicher er geizt.   274 gewiß er freit;
278 Doch die harte Trittweis', die kennt er am best',

ein andrer stellt sich zum Gericht:
der war nicht »Schüler«, ist nicht »Singer«,
den »Dichter«, sagt er, überspring' er;
      denn er ist Junker,
      und mit einem Sprung er   285
denkt ohne weitere Beschwerden
heut hier »Meister« zu werden. –
      Drum richtet nur fein
      das Gemerk dem ein!
Dorthin! – Hierher! – Die Tafel an die Wand,   290
so daß sie recht dem Merker zu Hand!

     Sich zu Walther umwendend.

Ja, ja! – dem »Merker«! – Wird Euch wohl bang?
Vor ihm schon mancher Werber versang.
Sieben Fehler gibt er Euch vor,
      die merkt er mit Kreide dort an;   295
wer über sieben Fehler verlor,
      hat versungen und ganz vertan!
      Nun nehmt Euch in acht!
      Der Merker wacht.
      Glück auf zum Meistersingen!   300
      Mögt Ihr Euch das Kränzlein erschwingen!
Das Blumenkränzlein aus Seiden fein,
wird das dem Herrn Ritter beschieden sein?

     DIE LEHRBUBEN,

*welche das Gemerk zugleich geschlossen, fassen sich an und
    tanzen einen verschlungenen Reihen darum.*

»Das Blumenkränzlein aus Seiden fein,
wird das dem Herrn Ritter beschieden sein?«   305
*Die Einrichtung ist nun folgendermaßen beendigt: – Zur
Seite rechts sind gepolsterte Bänke in der Weise aufgestellt,
daß sie einen schwachen Halbkreis nach der Mitte zu bil-*

---

301 Mögt Euch das Kränzlein erschwingen!   *nach* 305 Dritte Szene

*den. Am Ende der Bänke, in der Mitte der Szene, befindet
sich das »Gemerk« benannte Gerüste, welches zuvor her-
gerichtet worden. Zur linken Seite steht nur der erhöhte,
kathederartige Stuhl (»der Singstuhl«) der Versammlung
gegenüber. Im Hintergrunde, den großen Vorhang entlang,
steht eine lange niedere Bank für die Lehrlinge. –* WALTHER,
*verdrießlich über das Gespött der Knaben, hat sich auf die
vordere Bank niedergelassen.*

POGNER *und* BECKMESSER *kommen im Gespräch aus der
Sakristei; allmählich versammeln sich immer mehrere der
Meister. Die* LEHRBUBEN, *als sie die Meister eintreten sahen,
sind sogleich zurückgegangen und harren ehrerbietig an der
hinteren Bank. Nur* DAVID *stellt sich anfänglich am Eingang
bei der Sakristei auf.*

POGNER

zu Beckmesser.

Seid meiner Treue wohl versehen;
was ich bestimmt, ist Euch zu nutz:
im Wettgesang müßt Ihr bestehen;
wer böte Euch als Meister Trutz?

BECKMESSER.

Doch wollt Ihr von dem Punkt nicht weichen,   310
der mich – ich sag's – bedenklich macht;
kann Evchens Wunsch den Werber streichen,
was nützt mir meine Meister-Pracht?

POGNER.

Ei sagt! Ich mein', vor allen Dingen
sollt' Euch an dem gelegen sein?   315
Könnt Ihr der Tochter Wunsch nicht zwingen,
wie möchtet Ihr wohl um sie frei'n?

BECKMESSER.

Ei ja! Gar wohl! Drum eben bitt' ich,
daß bei dem Kind Ihr für mich sprecht,

wie ich geworben zart und sittig,   320
und wie Beckmesser grad Euch recht.

POGNER.

Das tu' ich gern.

BECKMESSER

beiseite.

Er läßt nicht nach!
Wie wehrt' ich da 'nem Ungemach?

WALTHER

der, als er POGNER *gewahrt, aufgestanden und ihm entge-*
gengegangen ist, verneigt sich vor ihm.
Gestattet, Meister!

POGNER.

Wie! Mein Junker!
Ihr sucht mich in der Singschul' hie?   325
Sie begrüßen sich.

BECKMESSER

immer beiseite, für sich.
Verstünden's die Frau'n! Doch schlechtes
                              Geflunker
gilt ihnen mehr als all Poesie.

WALTHER.

Hie eben bin ich am rechten Ort.
Gesteh' ich's frei, vom Lande fort
            was mich nach Nürnberg trieb,   330
            war nur zur Kunst die Lieb'.
Vergaß ich's gestern Euch zu sagen,
heut muß ich's laut zu künden wagen:
ein Meistersinger möcht' ich sein.
Schließt, Meister, in die Zunft mich ein!   335
Andere Meister sind gekommen und herangetreten.

POGNER
zu den nächsten.

Kunz Vogelgesang! Freund Nachtigall*!
Hört doch, welch ganz besonderer Fall!
Der Ritter hier, mir wohlbekannt,
hat der Meisterkunst sich zugewandt.   339
Begrüßungen.

BECKMESSER
immer noch für sich.

Noch such' ich's zu wenden: doch sollt's nicht gelingen,
versuch' ich des Mädchens Herz zu ersingen;
in stiller Nacht, von ihr nur gehört,
erfahr' ich, ob auf mein Lied sie schwört.
Er wendet sich.

Wer ist der Mensch?

POGNER
zu Walther.

Glaubt, wie mich's freut!
Die alte Zeit dünkt mich erneut.   345

BECKMESSER
immer noch für sich.

Er gefällt mir nicht!

POGNER
fortfahrend.

Was Ihr begehrt,
soviel an mir, Euch sei's gewährt.

---

* [*Wagner schreibt den Namen hier und im Folgenden mit einfachem
l am Ende; vgl. jedoch die Schreibweise im Verzeichnis der »Personen der Handlung«.*]

337 Hört doch, welch ganz besondrer Fall: 346–351 *Ensemble*
347 so viel an mir, sei's Euch gewährt.

BECKMESSER
ebenso.

Was will der hier? – Wie der Blick ihm lacht!

POGNER
ebenso.

Half ich Euch gern zu des Guts Verkauf,
in die Zunft nun nehm' ich Euch gleich gern auf. 350

BECKMESSER
ebenso.

Holla! Sixtus! Auf den hab acht!

WALTHER
zu Pogner.

Habt Dank der Güte
aus tiefstem Gemüte!
Und darf ich denn hoffen,
steht heut mir noch offen 355
zu werben um den Preis,
daß ich Meistersinger heiß'?

BECKMESSER.

Oho! Fein sacht! Auf dem Kopf steht kein Kegel!

POGNER.

Herr Ritter, dies geh' nun nach der Regel.
Doch heut ist Freiung: ich schlag' Euch vor; 360
mir leihen die Meister ein willig Ohr.

Die Meistersinger sind nun alle angelangt, zuletzt auch
HANS SACHS.

SACHS.

Gott grüß euch, Meister!

---

348 Was will er hier? Wie der Blick ihm lacht!   349 Half ich Euch
gern bei des Guts Verkauf,   357 daß Meistersinger ich heiß'?

VOGELGESANG.

Sind wir beisammen?

BECKMESSER.

Der Sachs ist ja da!

NACHTIGALL.

So ruft die Namen!

FRITZ KOTHNER

zieht eine Liste hervor, stellt sich zur Seite auf und ruft:

Zu einer Freiung und Zunftberatung
ging an die Meister ein' Einladung: 365
          bei Nenn' und Nam',
          ob jeder kam,
ruf' ich nun auf, als letzt-entbotner,
der ich mich nenn' und bin Fritz Kothner.
Seid Ihr da, Veit Pogner?

POGNER.

Hier zur Hand.   370

Er setzt sich.

KOTHNER.

Kunz Vogelgesang?

VOGELGESANG.

Ein sich fand.

Setzt sich.

KOTHNER.

Hermann Ortel?

ORTEL.

Immer am Ort.

Setzt sich.

KOTHNER.

Balthasar Zorn?

ZORN.

Bleibt niemals fort.

Setzt sich.

KOTHNER.

Konrad Nachtigall?

NACHTIGALL.

Treu seinem Schlag.

Setzt sich.

KOTHNER.

Augustin Moser?

MOSER.

Nie fehlen mag. 375

Setzt sich.

KOTHNER.

Niklaus Vogel? – Schweigt?

EIN LEHRBUBE

sich schnell von der Bank erhebend.

Ist krank.

KOTHNER.

Gut' Beßrung dem Meister!

ALLE MEISTER.

Walt's Gott!

DER LEHRBUBE.

Schön' Dank!

Setzt sich wieder.

KOTHNER.

Hans Sachs?

DAVID
vorlaut sich erhebend.
Da steht er!

SACHS
drohend zu David.
Juckt dich das Fell? –
Verzeiht, Meister! – Sachs ist zur Stell'.
Er setzt sich.

KOTHNER.
Sixtus Beckmesser?

BECKMESSER.
Immer bei Sachs,   380
daß den Reim ich lern' von »blüh' und wachs'«.
Er setzt sich neben Sachs. Dieser lacht.

KOTHNER.
Ulrich Eißlinger?

EISSLINGER.
Hier!
Setzt sich.

KOTHNER.
Hans Foltz?

FOLTZ.
Bin da.
Setzt sich.

KOTHNER.
Hans Schwarz?

SCHWARZ.
Zuletzt: Gott wollt's!
Setzt sich.

KOTHNER.

Zur Sitzung gut und voll die Zahl.
Beliebt's, wir schreiten zur Merkerwahl? 385

VOGELGESANG.

Wohl eh'r nach dem Fest.

BECKMESSER
zu Kothner.

                Pressiert's den Herrn?
Mein' Stell' und Amt lass' ich ihm gern.

POGNER.

Nicht doch, ihr Meister! Laßt das jetzt fort.
Für wicht'gen Antrag bitt' ich ums Wort.

Alle Meister stehen auf und setzen sich wieder.

KOTHNER.

Das habt Ihr, Meister! Sprecht! 390

POGNER.

        Nun hört, und versteht mich recht! –
Das schöne Fest, Johannis-Tag,
        ihr wißt, begehn wir morgen:
auf grüner Au', am Blumenhag,
bei Spiel und Tanz im Lustgelag, 395
        an froher Brust geborgen,
        vergessen seiner Sorgen,
ein jeder freut sich wie er mag.
Die Singschul' ernst im Kirchenchor
        die Meister selbst vertauschen; 400
mit Kling und Klang hinaus zum Tor
auf offne Wiese ziehn sie vor,
        bei hellen Festes Rauschen;
        das Volk sie lassen lauschen
dem Frei-Gesang mit Laien-Ohr. 405
Zu einem Werb'- und Wett-Gesang

gestellt sind Siegespreise,
und beide rühmt man weit und lang,
            die Gabe wie die Weise.
Nun schuf mich Gott zum reichen Mann;   410
und gibt ein jeder wie er kann,
            so mußt' ich fleißig sinnen,
            was ich gäb' zu gewinnen,
            daß ich nicht käm' zu Schand':
            so höret, was ich fand. –   415
In deutschen Landen viel gereist,
hat oft es mich verdrossen,
daß man den Bürger wenig preist,
            ihn karg nennt und verschlossen:
an Höfen, wie an niedrer Statt,   420
des bittren Tadels ward ich satt,
            daß nur auf Schacher und Geld
            sein Merk' der Bürger stellt'.
Daß wir im weiten deutschen Reich
            die Kunst einzig noch pflegen,   425
            dran dünkt' ihnen wenig gelegen:
doch wie uns das zur Ehre gereich',
            und daß mit hohem Mut
            wir schätzen, was schön und gut,
was wert die Kunst, und was sie gilt,   430
das ward ich der Welt zu zeigen gewillt.
            Drum hört, Meister, die Gab',
            die als Preis bestimmt ich hab': –
dem Singer, der im Kunst-Gesang
vor allem Volk den Preis errang   435
            am Sankt Johannistag,
            sei er wer er auch mag,
            dem geb' ich, ein Kunst-gewogner,
            von Nürenberg Veit Pogner,

---

408 und beide preist man weit und lang,   412 so mußte ich wohl
sinnen,   415 so hört denn, was ich fand.

mit all meinem Gut, wie's geh' und steh', 440
Eva, mein einzig Kind, zur Eh'.

DIE MEISTER

sehr lebhaft durcheinander.

Das nenn' ich ein Wort! Ein Wort, ein Mann!
Da sieht man, was ein Nürnberger kann!
Drob preist man Euch noch weit und breit,
den wackren Bürger Pogner Veit! 445

DIE LEHRBUBEN

lustig aufspringend.

Alle Zeit, weit und breit:
　　Pogner Veit!

VOGELGESANG.

Wer möchte da nicht ledig sein!

SACHS.

Sein Weib gäb' gern wohl mancher drein!

NACHTIGALL.

　　Auf, ledig' Mann! 450
　　Jetzt macht euch dran!

POGNER.

Nun hört noch, wie ich's ernstlich mein'!
Ein' leblos' Gabe stell' ich nicht:
ein Mägdlein sitzt mit zu Gericht.
Den Preis erkennt die Meister-Zunft; 455
doch gilt's der Eh', so will's Vernunft,
　　daß ob der Meister Rat
　　die Braut den Ausschlag hat.

---

442 Das heißt ein Wort, ein Wort ein Mann!　　446–448 *Ensemble*
449 Sein Weib gäb' mancher gern wohl drein!　　450–451 KOTH-
NER.　　451 Jetzt macht euch ran!　　453 Ein' leblos' Gabe geb' ich
nicht;　　454 ein Mägdlein sitzt mit zum Gericht:

BECKMESSER
zu Kothner.

Dünkt Euch das klug?

KOTHNER
laut.

Versteh' ich gut,
Ihr gebt uns in des Mägdleins Hut?   460

BECKMESSER.

Gefährlich das!

KOTHNER.

Stimmt es nicht bei,
wie wär' dann der Meister Urteil frei?

BECKMESSER.

Laßt's gleich wählen nach Herzens Ziel,
und laßt den Meistergesang aus dem Spiel!

POGNER.

Nicht so! Wie doch? Versteht mich recht!   465
Wem ihr Meister den Preis zusprecht,
    die Maid kann dem verwehren,
    doch nie einen andren begehren:
ein Meistersinger muß er sein;
nur wen ihr krönt, den soll sie frei'n.   470

SACHS.

Verzeiht!
Vielleicht schon ginget Ihr zu weit.
Ein Mädchenherz und Meisterkunst
erglühn nicht stets von gleicher Brunst;
der Frauen Sinn, gar unbelehrt,   475
dünkt mich dem Sinn des Volks gleich wert.

---

462 wie wäre dann der Meister Urteil frei?

Wollt Ihr nun vor dem Volke zeigen,
 wie hoch die Kunst Ihr ehrt;
und laßt Ihr dem Kind die Wahl zu eigen,
 wollt nicht, daß dem Spruch es wehrt':   480
so laßt das Volk auch Richter sein;
mit dem Kinde sicher stimmt's überein.

DIE MEISTER

unruhig durcheinander.

Oho! Das Volk? Ja, das wäre schön!
Ade dann Kunst und Meistertön'!

NACHTIGALL.

Nein, Sachs! Gewiß, das hat keinen Sinn!   485
Gäbt Ihr dem Volk die Regeln hin?

SACHS.

Vernehmt mich recht! Wie ihr doch tut!
Gesteht, ich kenn' die Regeln gut;
und daß die Zunft die Regeln bewahr',
bemüh' ich mich selbst schon manches Jahr.   490
Doch einmal im Jahre fänd' ich's weise,
daß man die Regeln selbst probier',
ob in der Gewohnheit trägem Gleise
ihr' Kraft und Leben sich nicht verlier':
 und ob ihr der Natur   495
 noch seid auf rechter Spur,
  das sagt euch nur
wer nichts weiß von der Tabulatur.
Die Lehrbuben springen auf und reiben sich die Hände.

BECKMESSER.

Hei! wie sich die Buben freuen!

485–486 KOTHNER.   486 Gebt ihr dem Volk die Regeln hin?
494 ihr' Kraft und Leben nicht sich verlier'.

HANS SACHS

eifrig fortfahrend.

    Drum mocht's euch nie gereuen,   500
daß jährlich am Sankt Johannisfest,
statt daß das Volk man kommen läßt,
herab aus hoher Meister-Wolk'
ihr selbst euch wendet zu dem Volk.
    Dem Volke wollt ihr behagen;   505
nun dächt' ich, läg' es nah,
ihr ließt es selbst euch auch sagen,
ob das ihm zur Lust geschah?
Daß Volk und Kunst gleich blüh' und wachs',
bestellt ihr so, mein' ich, Hans Sachs.   510

VOGELGESANG.

Ihr meint's wohl recht!

KOTHNER.

          Doch steht's drum faul.

NACHTIGALL.

Wenn spricht das Volk, halt' ich das Maul.

KOTHNER.

Der Kunst droht allweil Fall und Schmach,
läuft sie der Gunst des Volkes nach.

BECKMESSER.

Drin bracht' er's weit, der hier so dreist: 515
Gassenhauer dichtet er meist.

POGNER.

Freund Sachs, was i c h mein', ist schon neu:
zuviel auf einmal brächte Reu! –

---

500 Drum mocht' es euch nie gereuen,   512 Wann spricht das Volk,
halt' ich das Maul.

So frag' ich, ob den Meistern gefällt
Gab' und Regel, wie ich's gestellt? 520
     Die Meister erheben sich.

SACHS.

Mir genügt der Jungfer Ausschlag-Stimm'.

BECKMESSER
für sich.

Der Schuster weckt doch stets mir Grimm!

KOTHNER.

Wer schreibt sich als Werber ein?
Ein Jung-Gesell muß es sein.

BECKMESSER.

Vielleicht auch ein Witwer? Fragt nur den Sachs! 525

SACHS.

Nicht doch, Herr Merker! Aus jüngrem Wachs
als ich und Ihr muß der Freier sein,
soll Evchen ihm den Preis verleihn.

BECKMESSER.

Als wie auch ich? – Grober Gesell!

KOTHNER.

Begehrt wer Freiung, der komm' zur Stell'! 530
Ist jemand gemeld't, der Freiung begehrt?

POGNER.

Wohl, Meister! Zur Tagesordnung kehrt!
    Und nehmt von mir Bericht,
    wie ich auf Meister-Pflicht
    einen jungen Ritter empfehle, 535
    der wünscht, daß man ihn wähle,

---

520 Gab' und Regel so wie ich's gestellt?   536 der will, daß man
ihn wähle

und heut als Meistersinger frei'. –
Mein Junker von Stolzing, kommt herbei!

WALTHER

tritt vor und verneigt sich.

BECKMESSER

für sich.

Dacht' ich mir's doch! Geht's da hinaus, Veit?

Laut.

Meister, ich mein', zu spät ist's der Zeit.   540

DIE MEISTER

durcheinander.

Der Fall ist neu. – Ein Ritter gar?
Soll man sich freun? – Oder wär' Gefahr?
Immerhin hat's ein groß' Gewicht,
daß Meister Pogner für ihn spricht.

KOTHNER.

Soll uns der Junker willkommen sein,   545
zuvor muß er wohl vernommen sein.

POGNER.

Vernehmt ihn gut! Wünsch' ich ihm Glück,
nicht bleib' ich doch hinter der Regel zurück.
Tut, Meister, die Fragen!

KOTHNER.

So mög' uns der Junker sagen: 550
ist er frei und ehrlich geboren?

POGNER.

Die Frage gebt verloren,

---

538 Mein Junker Stolzing, – kommt herbei!   547 Vernehmt ihn
wohl! Wünsch' ich ihm Glück,

da ich Euch selbst dess' Bürge steh',
daß er aus frei und edler Eh':
von Stolzing Walther, aus Frankenland,   555
nach Brief' und Urkund' mir wohlbekannt.
Als seines Stammes letzter Sproß,
verließ er neulich Hof und Schloß,
    und zog nach Nürnberg her,
    daß er hier Bürger wär'.   560

BECKMESSER

zum Nachbar.

Neu Junker-Unkraut! Tut nicht gut.

NACHTIGALL

laut.

Freund Pogners Wort Genüge tut.

SACHS.

Wie längst von den Meistern beschlossen ist,
ob Herr, ob Bauer, hier nichts beschießt:
hier fragt sich's nach der Kunst allein,   565
wer will ein Meistersinger sein.

KOTHNER.

    Drum nun frag' ich zur Stell':
    welch Meisters seid Ihr Gesell?

WALTHER.

Am stillen Herd in Winterszeit,
wenn Burg und Hof mir eingeschneit,   570
wie einst der Lenz so lieblich lacht',
und wie er bald wohl neu erwacht',
ein altes Buch, vom Ahn vermacht,
    gab das mir oft zu lesen:

---

570 wann Burg und Hof mir eingeschneit,

Herr Walther von der Vogelweid',   575
        der ist mein Meister gewesen.

SACHS.

Ein guter Meister!

BECKMESSER.

                    Doch lang schon tot:
wie lehrt' ihm der wohl der Regel Gebot?

KOTHNER.

        Doch in welcher Schul' das Singen
        mocht' Euch zu lernen gelingen?   580

WALTHER.

Wann dann die Flur vom Frost befreit,
und wiederkehrt' die Sommerszeit,
was einst in langer Winternacht
das alte Buch mir kund gemacht,
das schallte laut in Waldespracht,   585
        das hört' ich hell erklingen:
im Wald dort auf der Vogelweid',
        da lernt' ich auch das Singen.

BECKMESSER.

        Oho! Von Finken und Meisen
        lerntet Ihr Meister-Weisen?   590
Das mag denn wohl auch danach sein!

VOGELGESANG.

Zwei art'ge Stollen faßt' er da ein.

BECKMESSER.

Ihr lobt ihn, Meister Vogelgesang?
Wohl weil er vom Vogel lernt' den Gesang?

---

578 wie lehrt' ihn der wohl der Regeln Gebot?   583 was einst in
langer Winternacht   591 Das wird dann wohl auch danach sein!
594 wohl weil vom Vogel er lernt' den Gesang?

KOTHNER

beiseit zu den Meistern.

Was meint ihr, Meister? Frag' ich noch fort?   595
Mich dünkt, der Junker ist fehl am Ort.

SACHS.

Das wird sich bäldlich zeigen:
wenn rechte Kunst ihm eigen,
und gut er sie bewährt,
was gilt's, wer sie ihn gelehrt?   600

KOTHNER.

Meint, Junker, Ihr in Sang' und Dicht'
Euch rechtlich unterwiesen,
und wollt Ihr, daß im Zunftgericht
zum Meister wir Euch kiesen:
seid Ihr bereit, ob Euch geriet   605
mit neuer Find' ein Meisterlied,
nach Dicht' und Weis' Eu'r eigen,
zur Stunde jetzt zu zeigen?

WALTHER.

Was Winternacht,
was Waldes Pracht,   610
was Buch und Hain mich wiesen;
was Dichter-Sanges Wundermacht
mir heimlich wollt' erschließen;
was Rosses Schritt
beim Waffen-Ritt,   615
was Reihen-Tanz
bei heitrem Schanz
mir sinnend gab zu lauschen:
gilt es des Lebens höchsten Preis
um Sang mir einzutauschen,   620

[601–604 *nicht vertont*]

zu eignem Wort und eigner Weis'
will einig mir es fließen,
als Meistersang, ob den ich weiß,
euch Meistern sich ergießen.

BECKMESSER.

Entnahmt ihr was der Worte Schwall?   625

VOGELGESANG.

Ei nun, er wagt's.

NACHTIGALL.

Merkwürd'ger Fall!

KOTHNER.

Nun, Meister, wenn's gefällt,
werd' das Gemerk bestellt. –
Wählt der Herr einen heil'gen Stoff?

WALTHER.

Was heilig mir,   630
der Liebe Panier
schwing' und sing' ich, mir zu Hoff'.

KOTHNER.

Das gilt uns weltlich: drum allein,
Merker Beckmesser, schließt Euch ein!

BECKMESSER

aufstehend und dem Gemerk zuschreitend.

Ein saures Amt, und heut zumal;   635
wohl gibt's mit der Kreide manche Qual. –
Herr Ritter, wißt:
Sixtus Beckmesser Merker ist;
hier im Gemerk
verrichtet er still sein strenges Werk.   640

---

634 Meister Beckmesser, schließt Euch ein!

Sieben Fehler gibt er Euch vor,
    die merkt er mit Kreide dort an:
wenn er über sieben Fehler verlor,
    dann versang der Herr Rittersmann. –
        Gar fein er hört;   645
doch daß er Euch den Mut nicht stört,
      säht Ihr ihm zu,
      so gibt er Euch Ruh,
    und schließt sich gar hier ein, –
    läßt Gott Euch befohlen sein.   650

*Er hat sich in das Gemerk gesetzt, streckt mit dem Letzten
den Kopf höhnisch freundlich nickend heraus, und zieht den
vorderen Vorhang, den zuvor einer der Lehrbuben geöffnet
hatte, wieder ganz zusammen, so daß er unsichtbar wird.*

KOTHNER

*hat die von den Lehrbuben aufgehängten »Leges Tabula-
turae« von der Wand genommen.*

Was Euch zum Liede Richt' und Schnur,
vernehmt nun aus der Tabulatur. –

        Er liest.

»Ein jedes Meistergesanges Bar
stell' ordentlich ein Gemäße dar
aus unterschiedlichen Gesetzen,   655
die keiner soll verletzen.
Ein Gesetz besteht aus zweenen Stollen,
die gleiche Melodei haben sollen,
der Stoll' aus etlicher Vers' Gebänd',
der Vers hat seinen Reim am End'.   660
Darauf so folgt der Abgesang,
der sei auch etlich' Verse lang,
und hab' sein' besondere Melodei,

---

655 aus unterschiedlichen Gesätzen,   657 Ein Gesätz besteht aus
zweenen Stollen,   663 und hab' sein' besondre Melodei,

als nicht im Stollen zu finden sei.
Derlei Gemäßes mehre Baren   665
soll ein jed' Meisterlied bewahren;
und wer ein neues Lied gericht',
das über vier der Silben nicht
eingreift in andrer Meister Weis',
dess' Lied erwerb' sich Meister-Preis.« –   670
Nun setzt Euch in den Singestuhl!

WALTHER.

Hier in den Stuhl?

KOTHNER.

Wie's Brauch der Schul'.

WALTHER

besteigt den Stuhl, und setzt sich mit Mißbehagen.
Für dich, Geliebte, sei's getan!

KOTHNER

sehr laut.
Der Sänger sitzt.

BECKMESSER

im Gemerk, sehr grell.
Fanget an!

WALTHER

nach einiger Sammlung.
Fanget an!   675
So rief der Lenz in den Wald,
daß laut es ihn durchhallt:
und wie in fernren Wellen
der Hall von dannen flieht,
von weither naht ein Schwellen,   680
das mächtig näher zieht;
es schwillt und schallt,
es tönt der Wald

von holder Stimmen Gemenge;
     nun laut und hell   685
     schon nah zur Stell',
     wie wächst der Schwall!
     Wie Glockenhall
ertost des Jubels Gedränge!
       Der Wald,   690
       wie bald
antwortet' er dem Ruf,
der neu ihm Leben schuf,
     stimmte an
das süße Lenzes-Lied! –   695

*Man hat aus dem Gemerk wiederholt unmutige Seufzer des
Merkers, und heftiges Anstreichen mit der Kreide vernommen. Auch* WALTHER *hat es bemerkt, und fährt, dadurch für
eine kurze Weile gestört, fort.*

In einer Dornenhecken,
von Neid und Gram verzehrt,
mußt' er sich da verstecken,
der Winter, Grimm-bewehrt:
von dürrem Laub umrauscht   700
er lauert da und lauscht,
wie er das frohe Singen
zu Schaden könnte bringen. –

    Unmutig vom Stuhl aufstehend.

    Doch: fanget an!
So rief es mir in die Brust,   705
als noch ich von Liebe nicht wußt'.
Da fühlt' ich's tief sich regen,
als weckt' es mich aus dem Traum;
mein Herz mit bebenden Schlägen
erfüllte des Busens Raum: 710

---

692 antwortet er dem Ruf,

das Blut, es wallt
mit Allgewalt,
geschwellt von neuem Gefühle;
aus warmer Nacht
mit Übermacht   715
schwillt mir zum Meer
der Seufzer Heer
in wildem Wonne-Gewühle:
die Brust,
mit Lust   720
antwortet sie dem Ruf,
der neu ihr Leben schuf:
stimmt nun an
das hehre Liebes-Lied!

BECKMESSER

der immer unruhiger geworden, reißt den Vorhang auf.
Seid Ihr nun fertig?

WALTHER.

Wie fraget Ihr?   725

BECKMESSER

die ganz mit Kreidestrichen bedeckte Tafel heraushaltend.
Mit der Tafel ward ich fertig schier.
Die MEISTER *müssen lachen.*

WALTHER.

Hört doch! Zu meiner Frauen Preis
gelang' ich jetzt erst mit der Weis'.

BECKMESSER

das Gemerk verlassend.
Singt, wo Ihr wollt! Hier habt Ihr vertan. –
Ihr Meister, schaut die Tafel euch an: 730

---

720 wie bald

so lang ich leb', ward's nicht erhört;
ich glaubt's nicht, wenn ihr's all auch schwört!
Die MEISTER *sind im Aufstand durcheinander.*

WALTHER.

Erlaubt ihr's, Meister, daß er mich stört?
Blieb' ich von allen ungehört?

POGNER.

Ein Wort, Herr Merker! Ihr seid gereizt!   735

BECKMESSER.

Sei Merker fortan, wer danach geizt!
Doch daß der Ritter versungen hat,
beleg' ich erst noch vor der Meister Rat.
Zwar wird's 'ne harte Arbeit sein:
wo beginnen, da wo nicht aus noch ein?   740
Von falscher Zahl, und falschem Gebänd'
        schweig' ich schon ganz und gar;
zu kurz, zu lang, wer ein End' da fänd'!
        Wer meint hier im Ernst einen Bar?
Auf »blinde Meinung« klag' ich allein: 745
sagt, konnt' ein Sinn unsinniger sein?

MEHRERE MEISTER.

Man ward nicht klug! Ich muß gestehn,
ein Ende konnte keiner ersehn.

BECKMESSER.

Und dann die Weis'! Welch tolles Gekreis'
aus »Abenteuer«-, »blau Rittersporn«-Weis',   750
»hoch Tannen«- und »stolz Jüngling«-Ton!

KOTHNER.

Ja, ich verstand gar nichts davon!

---

737 Doch daß der Junker hier versungen hat,   751 »hoch-Tannen«
– »stolz-Jüngling«-Ton!

BECKMESSER.

Kein Absatz wo, kein' Koloratur,
von Melodei auch nicht eine Spur!

MEHRERE MEISTER
durcheinander.

Wer nennt das Gesang?   755
's ward einem bang!
Eitel Ohrgeschinder!
Gar nichts dahinter!

KOTHNER.

Und gar vom Singstuhl ist er gesprungen!

BECKMESSER.

Wird erst auf die Fehlerprobe gedrungen?   760
Oder gleich erklärt, daß er versungen?

SACHS
der vom Beginn an WALTHER *mit zunehmendem Ernste zugehört.*

Halt! Meister! Nicht so geeilt!
Nicht jeder eure Meinung teilt. –
      Des Ritters Lied und Weise,
sie fand ich neu, doch nicht verwirrt;   765
      verließ er unsre Gleise,
schritt er doch fest und unbeirrt.
      Wollt ihr nach Regeln messen,
was nicht nach eurer Regeln Lauf,
      der eignen Spur vergessen,   770
sucht davon erst die Regeln auf!

BECKMESSER.

Aha! Schon recht! Nun hört ihr's doch:
den Stümpern öffnet Sachs ein Loch,

---

756 Es ward einem bang!   758 Auch gar nichts dahinter!

da aus und ein nach Belieben
ihr Wesen leicht sie trieben. 775
Singet dem Volk auf Markt und Gassen;
hier wird nach den Regeln nur eingelassen.

SACHS.

Herr Merker, was doch solch ein Eifer?
Was doch so wenig Ruh?
Eu'r Urteil, dünkt mich, wäre reifer, 780
hörtet Ihr besser zu.
Darum, so komm' ich jetzt zum Schluß,
daß den Junker zu End' man hören muß.

BECKMESSER.

Der Meister Zunft, die ganze Schul',
gegen den Sachs da sind wir Null. 785

SACHS.

Verhüt es Gott, was ich begehr',
daß das nicht nach den Gesetzen wär'!
Doch da nun steht's geschrieben,
der Merker werde so bestellt,
daß weder Haß noch Lieben 790
das Urteil trüben, das er fällt.
Geht der nun gar auf Freiers-Füßen,
wie sollt' er da die Lust nicht büßen,
den Nebenbuhler auf dem Stuhl
zu schmähen vor der ganzen Schul'? 795

WALTHER *flammt auf.*

NACHTIGALL.

Ihr geht zu weit!

KOTHNER.
Persönlichkeit!

---

783 daß den Junker man zu End' hören muß.   788 Doch da nun
steht geschrieben: 791 das Urteil trübe, das er fällt.

POGNER

zu den Meistern.

Vermeidet, Meister, Zwist und Streit!

BECKMESSER.

Ei, was kümmert's doch Meister Sachsen,
 auf was für Füßen ich geh'?
Ließ er drob lieber Sorge sich wachsen,   800
 daß nichts mir drück' die Zeh'!
Doch seit mein Schuster ein großer Poet,
gar übel es um mein Schuhwerk steht;
   da seht, wie es schlappt,
   und überall klappt!   805
  All seine Vers' und Reim'
  ließ ich ihm gern daheim,
Historien, Spiel' und Schwänke dazu,
brächt' er mir morgen die neuen Schuh!

SACHS.

  Ihr mahnt mich da gar recht: 810
  doch schickt sich's, Meister, sprecht,
daß, find' ich selbst dem Eseltreiber
 ein Sprüchlein auf die Sohl',
dem hochgelahrten Herrn Stadtschreiber
 ich nichts drauf schreiben soll?   815
Das Sprüchlein, das Eu'r würdig sei,
mit all meiner armen Poeterei
  fand ich noch nicht zur Stund';
  doch wird's wohl jetzt mir kund,
wenn ich des Ritters Lied gehört: 820
drum sing' er nun weiter ungestört!

---

798 Ei! Was kümmert doch Meister Sachsen, 800 Ließ er doch lieber Sorge sich wachsen, 801 daß mir nichts drück' die Zeh'!
804 da seht, wie's schlappt *nach* 821 BECKMESSER. Nicht weiter!
Zum Schluß!

WALTHER, *in großer Aufregung, stellt sich auf den Singstuhl.*

DIE MEISTER.
Genug! Zum Schluß!

SACHS
zu Walther.
Singt, dem Herrn Merker zum Verdruß!

BECKMESSER
holt, während WALTHER *beginnt, aus dem Gemerk die Tafel
herbei, und hält sie während des Folgenden, von einem
zum andern sich wendend, zur Prüfung den Meistern vor,
die er schließlich zu einem Kreis um sich zu vereinigen bemüht ist, welchem er immer die Tafel zur Einsicht vorhält.*

Was sollte man da wohl noch hören?
Wär's nicht nur uns zu betören?   825
Jeden der Fehler groß und klein,
seht genau auf der Tafel ein. –
»Falsch Gebänd«, »unredbare Worte«,
»Kleb-Silben«, hier »Laster« gar;
»Aequivoca«, »Reim am falschen Orte«,   830
»verkehrt«, »verstellt« der ganze Bar;
ein »Flickgesang« hier zwischen den Stollen;
»blinde Meinung« allüberall;
»unklare Wort'«, »Differenz«, hie »Schrollen«,
da »falscher Atem«, hier »Überfall«.   835
Ganz unverständliche Melodei!
Aus allen Tönen ein Mischgebräu!
Scheutet ihr nicht das Ungemach,
Meister, zählt mir die Striche nach!
Verloren hätt' er schon mit dem acht':   840

---

823 Singt dem Herrn Merker zum Verdruß!   824 Was sollte man
da noch hören?   825 Wär's nicht, euch zu betören?   826 Jeden
Fehler, groß und klein,   839 Meister, zählt mir die Fehler nach!

doch so weit wie der hat's noch keiner gebracht!
Wohl über fünfzig, schlecht gezählt!
Sagt, ob ihr euch den zum Meister wählt?

DIE MEISTER

durcheinander.

Jawohl, so ist's! Ich seh' es recht!
Mit dem Herrn Ritter steht es schlecht.   845
Mag Sachs von ihm halten, was er will,
hier in der Singschul' schweig' er still!
Bleibt einem jeden doch unbenommen,
wen er zum Genossen begehrt?
Wär' uns der erste Best' willkommen,   850
     was blieben die Meister dann wert? –
     Hei! wie sich der Ritter da quält!
     Der Sachs hat ihn sich erwählt. –
's ist ärgerlich gar! Drum macht ein End'!
Auf, Meister, stimmt und erhebt die Händ'!   855

POGNER

für sich.

Ja wohl, ich seh's, was mir nicht recht:
mit meinem Junker steht es schlecht! –
Weiche ich hier der Übermacht,
mir ahnet, daß mir's Sorge macht.
Wie gern säh' ich ihn angenommen,   860
als Eidam wär' er mir gar wert:
nenn' ich den Sieger nun willkommen,
wer weiß, ob ihn mein Kind begehrt!
     Gesteh' ich's, daß mich das quält,
     ob Eva den Meister wählt!   865

---

849 wen er sich zum Genossen begehrt?   853 Der Sachs hat sich
ihn erwählt!   858 Weich' ich hier der Übermacht,   862 nenn' ich
den Sieger jetzt willkommen, –   863 wer weiß, ob ihn mein Kind erwählt?   864 Gesteh' ich's, daß mich's quält,

WALTHER

in übermütig verzweifelter Begeisterung, hoch auf
dem Singstuhl aufgerichtet, und auf die unruhig
durcheinander sich bewegenden Meister herabblik-
kend.

Aus finstrer Dornenhecken
die Eule rauscht' hervor,
tät rings mit Kreischen wecken
der Raben heisren Chor:
in nächt'gem Heer zu Hauf   870
wie krächzen all da auf,
mit ihren Stimmen, den hohlen,
die Elstern, Kräh'n und Dohlen!
        Auf da steigt
mit goldnem Flügelpaar   875
ein Vogel wunderbar:
sein strahlend hell Gefieder
licht in den Lüften blinkt;
schwebt selig hin und wieder,
zu Flug und Flucht mir winkt.   880
        Es schwillt das Herz
        von süßem Schmerz,
der Not entwachsen Flügel;
        es schwingt sich auf
        zum kühnen Lauf,   885
        zum Flug durch die Luft
        aus der Städte Gruft,
dahin zum heim'schen Hügel,
dahin zur grünen Vogelweid',
wo Meister Walther einst mich freit';   890

---

867 die Eule rauscht hervor,   873 die Elstern, Krähen und Dohlen!   882 vor süßem Schmerz;   886 aus der Städte Gruft,
887 zum Flug durch die Luft,

da sing' ich hell und hehr
der liebsten Frauen Ehr':
auf da steigt,
ob Meister-Kräh'n ihm ungeneigt,
das stolze Minne-Lied. –   895
Ade! ihr Meister, hienied'!

Er verläßt mit einer stolz verächtlichen Gebärde den
Stuhl und wendet sich zum Fortgehen.

SACHS

Walthers Gesang folgend.

Ha, welch ein Mut!
Begeistrungs-Glut! –
Ihr Meister, schweigt doch und hört!
Hört, wenn Sachs euch beschwört! –   900
Herr Merker da! gönnt doch nur Ruh!
Laßt andre hören! gebt das nur zu! –
Umsonst! All eitel Trachten!
Kaum vernimmt man sein eigen Wort!
Des Junkers will keiner achten: –   905
das heiß' ich Mut, singt der noch fort!
Das Herz auf dem rechten Fleck:
ein wahrer Dichter-Reck'! –
Mach' ich, Hans Sachs, wohl Vers' und Schuh,
ist Ritter der und Poet dazu.   910

DIE LEHRBUBEN

welche längst sich die Hände rieben und von der
Bank aufsprangen, schließen jetzt gegen das Ende
wieder ihren Reihen und tanzen um das Gemerk.

Glück auf zum Meistersingen,
mögt Ihr Euch das Kränzlein erschwingen:

---

893 auf dann steigt,   895 das stolze Liebeslied!   901 Herr Merker
dort, gönnt doch nur Ruh!   904 Kaum vernimmt man sein eignes
Wort;   906 das nenn' ich Mut, singt der noch fort!

das Blumenkränzlein aus Seiden fein,
wird das dem Herrn Ritter beschieden sein?

BECKMESSER.

Nun, Meister, kündet's an! 915
Die Mehrzahl hebt die Hände auf.*

ALLE MEISTER.

Versungen und vertan!

Alles geht in Aufregung auseinander; lustiger Tumult der Lehrbuben, welche sich des Gemerkes und der Meisterbänke bemächtigen, wodurch Gedränge und Durcheinander der nach dem Ausgange sich wendenden Meister entsteht. – SACHS, *der allein im Vordergrunde verblieben, blickt noch gedankenvoll nach dem leeren Singestuhl; als die Lehrbuben auch diesen erfassen, und* SACHS *darob mit humoristisch-unmutiger Gebärde sich abwendet, fällt der Vorhang.*

---

* *(Die Meister erheben die Hände.)*

Zweiter Aufzug*

Die Bühne stellt im Vordergrunde eine Straße im Längen-durchschnitte dar, welche in der Mitte von einer schmalen Gasse, nach dem Hintergrunde zu krumm abbiegend, durchschnitten wird, so daß sich im Front zwei Eckhäuser darbieten, von denen das eine, reichere, rechts – das Haus POGNERS, *das andere einfachere – links – das des* HANS SACHS *ist. – Zu* POGNERS *Hause führt von der vorderen Straße aus eine Treppe von mehreren Stufen: vertiefte Türe, mit Steinsitzen in den Nischen. Zur Seite ist der Raum, ziemlich nah an* POGNERS *Hause, durch eine dickstämmige Linde abgegrenzt; grünes Gesträuch umgibt sie am Fuß, vor welchem auch eine Steinbank angebracht ist. – Der Eingang zu* SACHSENS *Hause ist ebenfalls nach der vorderen Straße zu gelegen: eine geteilte Ladentüre führt hier un-mittelbar in die Schusterwerkstatt; dicht dabei steht ein Fliederbaum, dessen Zweige bis über den Laden hereinhän-gen. Nach der Gasse zu hat das Haus noch zwei Fenster, von welchen das eine zur Werkstatt, das andere zu einer dahinterliegenden Kammer gehört. (Alle Häuser, nament-lich auch die der engeren Gasse, müssen praktikabel sein.) Heiterer Sommerabend; im Verlaufe der ersten Auftritte allmählich einbrechende Nacht.*
DAVID *ist darüber her, die Fensterläden nach der Gasse zu von außen zu schließen. Andere* LEHRBUBEN *tun das Glei-che bei andern Häusern.*

LEHRBUBEN
während der Arbeit.

Johannistag! Johannistag!
Blumen und Bänder so viel man mag!

---

* [*danach:*] Erste Szene

DAVID

für sich.

»Das Blumenkränzlein von Seiden fein,
mögt' es mir balde beschieden sein!«   920

MAGDALENE

*ist mit einem Korbe am Arm aus Pogners Hause gekommen
und sucht* DAVID *unbemerkt sich zu nähern.*

Bst! David!

DAVID

nach der Gasse zu sich umwendend.

Ruft ihr schon wieder?
Singt allein eure dummen Lieder!

LEHRBUBEN.

David, was soll's?
Wärst nicht so stolz,
schaut'st besser um,   925
wärst nicht so dumm!
»Johannistag! Johannistag!«
Wie der nur die Jungfer Lene nicht kennen mag!

MAGDALENE.

David! hör doch! kehr dich zu mir!

DAVID.

Ach, Jungfer Lene! Ihr seid hier?   930

MAGDALENE

auf ihren Korb deutend.

Bring' dir was Gut's; schau nur hinein!
Das soll für mein lieb' Schätzel sein. –

---

919 »Das Blumenkränzlein aus Seiden fein«   920 möcht' es mir
balde beschieden sein!

Erst aber schnell, wie ging's mit dem Ritter?
Du rietest ihm gut? Er gewann den Kranz?

DAVID.

Ach, Jungfer Lene! Da steht's bitter;   935
der hat vertan und versungen ganz!

MAGDALENE.

Versungen? Vertan?

DAVID.

          Was geht's Euch nur an?

MAGDALENE

den Korb, nach welchem DAVID *die Hand ausstreckt, heftig
zurückziehend.*

Hand von der Taschen!
Nichts da zu naschen! –
Hilf Gott! Unser Junker vertan!   940
*Sie geht mit Gebärden der Trostlosigkeit nach dem Hause
zurück.*

DAVID

sieht ihr verblüfft nach.

DIE LEHRBUBEN

*welche unvermerkt näher geschlichen waren, gelauscht hat-
ten und sich jetzt, wie glückwünschend,* DAVID *präsentieren.*

Heil, Heil zur Eh' dem jungen Mann!
Wie glücklich hat er gefreit!
Wir hörten's all, und sahen's an:
der er sein Herz geweiht,
für die er läßt sein Leben,   945
die hat ihm den Korb nicht gegeben.

---

936 der hat versungen und ganz vertan!   939 Nichts zu naschen!

DAVID

auffahrend.

Was steht ihr hier faul?
Gleich haltet eu'r Maul!

DIE LEHRBUBEN

DAVID *umtanzend.*

Johannistag! Johannistag!
Da freit ein jeder wie er mag. 950
Der Meister freit,
der Bursche freit,
da gibt's Geschlamb' und Geschlumbfer!
Der Alte freit
die junge Maid, 955
der Bursche die alte Jumbfer! –
Juchhei! Juchhei! Johannistag!

DAVID *ist im Begriff wütend drein zu schlagen, als* SACHS,
*der aus der Gasse hervorgekommen, dazwischen tritt. Die
Buben fahren auseinander.*

SACHS.

Was gibt's? Treff' ich dich wieder am Schlag?

DAVID.

Nicht ich! Schandlieder singen die.

SACHS.

Hör nicht drauf! Lern's besser wie sie! – 960
Zur Ruh! ins Haus! Schließ und mach Licht!

DAVID.

Hab' ich noch Singstund'?

---

948 Gleich haltet das Maul!

SACHS.
Nein, singst nicht!
Zur Straf' für dein heutig' frech' Erdreisten. –
Die neuen Schuh steck auf den Leisten!

*Sie sind beide in die Werkstatt eingetreten und gehen durch
innere Türen ab. Die Lehrbuben haben sich ebenfalls zerstreut.**

POGNER *und* EVA, *wie vom Spaziergange heimkehrend, die
Tochter leicht am Arme des Vaters eingehenkt, sind beide
schweigsam und in Gedanken die Gasse heraufgekommen.*

POGNER

noch auf der Gasse, durch eine Klinze im Fensterladen von
SACHSENS *Werkstatt spähend.*

Laß sehn, ob Nachbar Sachs zu Haus? –   965
Gern spräch' ich ihn. Trät' ich wohl ein?

DAVID *kommt mit Licht aus der Kammer, setzt sich damit
an den Werktisch am Fenster und macht sich über die Arbeit her.*

EVA.
Er scheint daheim: kommt Licht heraus.

POGNER.
Tu' ich's? – Zu was doch! – Besser, nein!
Er wendet sich ab.
Will einer Seltnes wagen,
was ließ' er da sich sagen? – –   970
Nach einigem Sinnen.
War er's nicht, der meint', ich ging zu weit? …

---

964 Die neuen Schuh steck mir auf den Leisten!   965 Laß sehn, ob
Meister Sachs zu Haus? –   970 was ließ' er sich dann sagen? –
971 War er's nicht, der meint', ich ging' zu weit? …

* [*danach:*] Zweite Szene

Und blieb ich nicht im Geleise,
war's nicht in seiner Weise? –
Doch war's vielleicht auch – Eitelkeit? –

Zu Eva.

Und du, mein Kind, du sagst mir nichts?   975

EVA.

Ein folgsam Kind, gefragt nur spricht's.

POGNER.

Wie klug! Wie gut! – Komm, setz dich hier
ein' Weil' noch auf die Bank zu mir.

Er setzt sich auf die Steinbank unter der Linde.

EVA.

Wird's nicht zu kühl?
's war heut gar schwül.   980

POGNER.

Nicht doch, 's ist mild und labend;
gar lieblich lind der Abend.

EVA *setzt sich beklommen.*

Das deutet auf den schönsten Tag,
der morgen dir soll scheinen.
O Kind, sagt dir kein Herzensschlag,   985
welch Glück dich morgen treffen mag,
wenn Nürenberg, die ganze Stadt
mit Bürgern und Gemeinen,
mit Zünften, Volk und hohem Rat,
vor dir sich soll vereinen,   990
daß du den Preis,
das edle Reis,
erteilest als Gemahl
dem Meister deiner Wahl.

---

972 Und, blieb' ich nicht im Geleise,   973 war's nicht auf seine
Weise?   984 der morgen soll erscheinen.

EVA.

Lieb' Vater, muß es ein Meister sein?   995

POGNER.

Hör wohl: ein Meister deiner Wahl.

MAGDALENE *erscheint an der Türe und winkt* EVA.

EVA

zerstreut.

Ja, – meiner Wahl. – Doch, tritt nun ein –
Gleich, Lene, gleich! – zum Abendmahl.

POGNER

ärgerlich aufstehend.

's gibt doch keinen Gast?

EVA

wie oben.

Wohl den Junker?

POGNER

verwundert.

Wieso?

EVA.

Sahst ihn heut nicht?

POGNER

halb für sich.

Ward sein' nicht froh. –   1000
Nicht doch! – Was denn? – Ei! werd' ich dumm?

EVA.

Lieb' Väterchen, komm! Geh, kleid' dich um!

POGNER
voran in das Haus gehend.

Hm! – Was geht mir im Kopf doch 'rum?
Ab.

MAGDALENE
heimlich.

Hast' was heraus?

EVA
ebenso.
Blieb still und stumm.

MAGDALENE.

Sprach David: meint', er habe vertan.   1005

EVA.

Der Ritter? – Hilf Gott, was fing' ich an!
Ach, Lene! die Angst: wo was erfahren?

MAGDALENE.
Vielleicht vom Sachs?

EVA.
          Ach, der hat mich lieb!
Gewiß, ich geh' hin.

MAGDALENE.
          Laß drin nichts gewahren!
Der Vater merkt' es, wenn man jetzt blieb'. –   1010
Nach dem Mahl: dann hab' ich dir noch was zu sagen,
was jemand geheim mir aufgetragen.

EVA.
Wer denn? Der Junker?

MAGDALENE.
          Nichts da! Nein!
Beckmesser.

EVA.

Das mag was Rechtes sein!

Sie gehen in das Haus.*

SACHS *ist, in leichter Hauskleidung, in die Werkstatt zu-*
rückgekommen. Er wendet sich zu DAVID, *der an seinem*
Werktische verblieben ist.

SACHS.

Zeig her! – 's ist gut. – Dort an die Tür   1015
rück mir Tisch und Schemel herfür! –
Leg dich zu Bett! Wach auf bei Zeit,
verschlaf die Dummheit, sei morgen gescheit!

DAVID

richtet Tisch und Schemel.

Schafft Ihr noch Arbeit?

SACHS.

Kümmert dich das?

DAVID

für sich.

Was war nur der Lene? – Gott weiß, was! –   1020
Warum wohl der Meister heute wacht?

SACHS.

Was stehst' noch?

DAVID.

Schlaft wohl, Meister!

SACHS.

Gut Nacht!

DAVID *geht in die Kammer ab.*

---

* [*danach:*] Dritte Szene
1017 Leg dich zu Bett, steh auf beizeit:

SACHS

legt sich die Arbeit zurecht, setzt sich an der Türe auf den
Schemel, läßt dann die Arbeit wieder liegen, und lehnt, mit
dem Arm auf dem geschlossenen Unterteil des Ladens ge-
stützt, sich zurück.

Wie duftet doch der Flieder
so mild, so stark und voll!
Mir löst es weich die Glieder,   1025
will, daß ich was sagen soll. –
Was gilt's, was ich dir sagen kann?
Bin gar ein arm einfältig Mann!
    Soll mir die Arbeit nicht schmecken,
    gäbst, Freund, lieber mich frei: 1030
    tät' besser das Leder zu strecken,
    und ließ' alle Poeterei! –

Er versucht wieder zu arbeiten. Läßt ab und sinnt.

    Und doch, 's will halt nicht gehn. –
    Ich fühl's, – und kann's nicht verstehn; –
kann's nicht behalten, – doch auch nicht vergessen;   1035
und fass' ich es ganz, – kann ich's nicht messen. –
    Doch wie auch wollt' ich's fassen,
    was unermeßlich mir schien?
    Kein' Regel wollte da passen,
    und war doch kein Fehler drin. –   1040
Es klang so alt, und war doch so neu, –
wie Vogelsang im süßen Mai: –
        wer ihn hört,
        und wahnbetört
    sänge dem Vogel nach,   1045
    dem brächt' es Spott und Schmach. –
        Lenzes Gebot,
        die süße Not,

1023 Was duftet doch der Flieder   1037 Doch wie wollt' ich auch
messen,

die legten's ihm in die Brust:
nun sang er, wie er mußt'!   1050
Und wie er mußt', so konnt' er's;
das merkt' ich ganz besonders.
    Dem Vogel, der heut sang,
dem war der Schnabel hold gewachsen;
    macht' er den Meistern bang,   1055
gar wohl gefiel er doch Hans Sachsen.

EVA *ist auf die Straße getreten, hat schüchtern spähend sich*
der Werkstatt genähert, und steht jetzt unvermerkt an der
Türe bei SACHS.

EVA.

Gut'n Abend, Meister! Noch so fleißig?

SACHS

ist angenehm überrascht aufgefahren.

Ei, Kind! Lieb' Evchen? Noch so spät?
Und doch, warum so spät noch, weiß ich:
die neuen Schuh?

EVA.

              Wie fehl er rät!   1060
Die Schuh hab' ich noch gar nicht probiert;
sie sind so schön, so reich geziert,
daß ich sie noch nicht an die Füß' mir getraut.

SACHS.

Doch sollst sie morgen tragen als Braut?

EVA

hat sich dicht bei SACHS *auf den Steinsitz gesetzt.*

Wer wäre denn Bräutigam?

1049 die legt' es ihm in die Brust: –   *nach* 1056 Vierte Szene
1062 sie sind so schön und reich geziert,

SACHS.
Weiß ich das? 1065

EVA.
Wie wißt denn Ihr, ob ich Braut?

SACHS.
Ei was!
Das weiß die Stadt.

EVA.
Ja, weiß es die Stadt,
Freund Sachs gute Gewähr dann hat.
Ich dacht', er wüßt' mehr.

SACHS.
Was sollt' ich wissen?

EVA.
Ei seht doch! Werd' ich's ihm sagen müssen? 1070
Ich bin wohl recht dumm?

SACHS.
Das sag' ich nicht.

EVA.
Dann wärt Ihr wohl klug?

SACHS.
Das weiß ich nicht.

EVA.
Ihr wißt nichts? Ihr sagt nichts! – Ei, Freund Sachs!
Jetzt merk' ich wahrlich, Pech ist kein Wachs.
Ich hätt' Euch für feiner gehalten.

SACHS.
Kind! 1075

1066 EVA. Wie wißt Ihr denn, daß ich Braut?

Beid', Wachs und Pech, vertraut mir sind.
Mit Wachs strich ich die Seidenfäden,
damit ich die zieren Schuh dir gefaßt:
heut fass' ich die Schuh mit dichtren Drähten,
da gilt's mit Pech für den derben Gast.   1080

EVA.

Wer ist denn der? Wohl was recht's?

SACHS.

                                        Das mein' ich!
Ein Meister stolz auf Freiers Fuß,
denkt morgen zu siegen ganz alleinig:
Herrn Beckmessers Schuh ich richten muß.

EVA.

So nehmt nur tüchtig Pech dazu: 1085
da kleb' er drin und lass' mir Ruh!

SACHS.

Er hofft, dich sicher zu ersingen.

EVA.

Wieso denn der?

SACHS.

        Ein Junggesell:
's gibt deren wenig dort zur Stell'.

EVA.

Könnt's einem Witwer nicht gelingen?   1090

SACHS.

Mein Kind, der wär' zu alt für dich.

1076 beid', Wachs und Pech bekannt mir sind: 1077 mit Wachs
strich ich die seidnen Fäden,   1078 damit ich dir die zieren Schuh
gefaßt: 1080 da gilt's mit Pech für den derb'ren Gast.

EVA.

Ei was, zu alt! Hier gilt's der Kunst:
wer sie versteht, der werb' um mich!

SACHS.

Lieb' Evchen! Machst mir blauen Dunst?

EVA.

Nicht ich! Ihr seid's; Ihr macht mir Flausen!   1095
Gesteht nur, daß Ihr wandelbar;
Gott weiß, wer jetzt Euch im Herzen mag hausen!
Glaubt' ich mich doch drin so manches Jahr.

SACHS.

Wohl, da ich dich gern in den Armen trug?

EVA.

Ich seh', 's war nur, weil Ihr kinderlos.   1100

SACHS.

Hatt' einst ein Weib und Kinder genug.

EVA.

Doch starb Eure Frau, so wuchs ich groß.

SACHS.

Gar groß und schön!

EVA.

Drum dacht' ich aus,
Ihr nähmt mich für Weib und Kind ins Haus.

SACHS.

Da hätt' ich ein Kind und auch ein Weib: 1105

1097 Gott weiß, wer Euch jetzt im Herzen mag hausen!
1099 Wohl, da ich dich gern auf den Armen trug?   1102 Doch,
starb Eure Frau, so wuchs ich groß?   1103 EVA. Da dacht' ich
aus,   1104 Ihr nähmt mich für Weib und Kind ins Haus?

's wär' gar ein lieber Zeitvertreib!
Ja, ja! das hast du dir schön erdacht.

EVA.

Ich glaub', der Meister mich gar verlacht?
Am End' gar ließ' er sich auch gefallen,
daß unter der Nas' ihm weg vor allen   1110
der Beckmesser morgen mich ersäng'?

SACHS.

Wie sollt' ich's wehren, wenn's ihm geläng'? –
Dem wüßt' allein dein Vater Rat.

EVA.

Wo so ein Meister den Kopf nur hat!
Käm' ich zu Euch wohl, fänd' ich's zu Haus?   1115

SACHS.

Ach, ja! Hast recht! 's ist im Kopf mir kraus:
hab' heut manch Sorg' und Wirr' erlebt;
da mag's dann sein, daß was drin klebt.

EVA.

Wohl in der Singschul'? 's war heut Gebot.

SACHS.

Ja, Kind: eine Freiung machte mir Not.   1120

EVA.

Ja, Sachs! das hättet Ihr gleich soll'n sagen;
plagt' Euch dann nicht mit unnützen Fragen. –
Nun sagt, wer war's, der Freiung begehrt?

SACHS.

Ein Junker, Kind, gar unbelehrt.

1109 Am End' auch ließ' er sich gar gefallen,   1112 Wer sollt's ihm
wehren, wenn's ihm geläng'?   1119 Wohl in der Singschul'? 's war
heut Gebot?   1122 quält' Euch dann nicht mit unnützen Fragen. –

EVA.

Ein Junker? Mein, sagt! – und ward er gefreit? 1125

SACHS.

Nichts da, mein Kind! 's gab gar viel Streit.

EVA.

So sagt! Erzählt, wie ging es zu?
Macht's Euch Sorg', wie ließ' mir es Ruh? –
So bestand er übel und hat vertan?

SACHS.

Ohne Gnad' versang der Herr Rittersmann. 1130

MAGDALENE

kommt zum Haus heraus und ruft leise.

Bst! Evchen! Bst!

EVA.

Ohne Gnade? Wie?
Kein Mittel gäb's, das ihm gedieh'?
Sang er so schlecht, so fehlervoll,
daß nichts mehr zum Meister ihm helfen soll?

SACHS.

Mein Kind, für den ist alles verloren, 1135
und Meister wird der in keinem Land;
denn wer als Meister ward geboren,
der hat unter Meistern den schlimmsten Stand.

MAGDALENE

näher.

Der Vater verlangt.

1125 Ein Ritter? Mein, sagt! Und ward er gefreit?   1137 denn wer
als Meister geboren,

EVA.

So sagt mir noch an,
ob keinen der Meister zum Freund er gewann?   1140

SACHS.

Das wär' nicht übel! Freund ihm noch sein!
Ihm, vor dem all sich fühlten so klein!
Den Junker Hochmut, laßt ihn laufen,
mag er durch die Welt sich raufen:
was wir erlernt mit Not und Müh',   1145
dabei laßt uns in Ruh verschnaufen!
Hier renn' er nichts uns übern Haufen:
sein Glück ihm anderswo erblüh'!

EVA.

erhebt sich heftig.

Ja, anderswo soll's ihm erblühn,
als bei euch garst'gen, neid'schen Mannsen: 1150
wo warm die Herzen noch erglühn,
trotz allen tück'schen Meister Hansen! –
Ja, Lene! Gleich! ich komme schon!
Was trüg' ich hier für Trost davon?
Da riecht's nach Pech, daß Gott erbarm'!   1155
Brennt' er's lieber, da würd' er doch warm!

Sie geht heftig mit MAGDALENE *hinüber, und verweilt sehr
aufgeregt dort unter der Türe.*

SACHS

nickt bedeutungsvoll mit dem Kopfe.

Das dacht' ich wohl. Nun heißt's: schaff Rat!
Er ist während des Folgenden damit beschäftigt, auch die

1142 Ihm, vor dem sich alle fühlten so klein?   1147 hier renn' er
uns nichts übern Haufen;   1151 wo warm die Herzen noch erglü-
hen,   1153 Gleich, Lene, gleich! Ich komme schon!

obere Ladentüre so weit zu schließen, daß sie nur ein wenig
Licht noch durchläßt; er selbst verschwindet so fast ganz.

MAGDALENE.

Hilf Gott! was bliebst du nur so spat?
Der Vater rief.

EVA.

   Geh zu ihm ein:
ich sei zu Bett im Kämmerlein.   1160

MAGDALENE.

Nicht doch! Hör nur! Komm' ich dazu?
Beckmesser fand mich; er läßt nicht Ruh,
zur Nacht sollst du dich ans Fenster neigen,
er will dir was Schönes singen und geigen,
mit dem er dich hofft zu gewinnen, das Lied,   1165
ob dir das zu Gefallen geriet.

EVA.

Das fehlte auch noch! – Käme nur Er!

MAGDALENE.

Hast' David gesehn?

EVA.

     Was soll mir der?

MAGDALENE
halb für sich.

Ich war zu streng; er wird sich grämen.

EVA.

Siehst du noch nichts!

1158 Hilf Gott! Wo bliebst du nur so spat?   1161 Nicht doch, –
hör mich! – Komm' ich dazu?   1166 ob das dir nach Gefallen geriet.

MAGDALENE.

's ist als ob Leut dort kämen.   1170

EVA.

Wär' er's?

MAGDALENE.

Mach und komm jetzt hinan!

EVA.

Nicht eh'r, bis ich sah den teuersten Mann!

MAGDALENE.

Ich täuschte mich dort: er war es nicht. –
Jetzt komm, sonst merkt der Vater die Gschicht'!

EVA.

Ach! meine Angst!

MAGDALENE.

Auch laß uns beraten,   1175
wie wir des Beckmessers uns entladen.

EVA.

Zum Fenster gehst du für mich.

MAGDALENE.

Wie, ich? –
Das machte wohl David eiferlich?
Er schläft nach der Gassen! Hihi! 's wär' fein! –

EVA.

Dort hör' ich Schritte.

MAGDALENE.

Jetzt komm, es muß sein!   1180

1174 Jetzt komm, sonst merkt der Vater die Geschicht'.

EVA.

Jetzt näher!

MAGDALENE.

Du irrst! 's ist nichts, ich wett'.
Ei, komm! Du mußt, bis der Vater zu Bett.
Man hört innen POGNERS *Stinme.*

He! Lene! Eva!

MAGDALENE.

's ist höchste Zeit!
Hörst du's? Komm! der Ritter ist weit.

WALTHER *ist die Gasse heraufgekommen; jetzt biegt er um*
POGNERS *Haus herum:* EVA, *die bereits von* MAGDALENEN
am Arm hineingezogen worden war, reißt sich mit einem
leisen Schrei los, und stürzt Walther entgegen.

EVA.

Da ist er!

MAGDALENE

hineingehend.

Nun haben wir's! Jetzt heißt's: gescheit!   1185
Ab.

EVA

außer sich.

Ja, Ihr seid es!
Nein, du bist es!
Alles sag' ich,
denn Ihr wißt es;
Alles klag' ich,   1190
denn ich weiß es,

1184 Hörst du's? Komm! Dein Ritter ist weit.   *nach* 1184 Fünfte
Szene   1185 MAGDALENE. Da haben wir's! Nun heißt's: gescheit!

Ihr seid beides,
Held des Preises,
und mein einz'ger Freund!

WALTHER
leidenschaftlich.

Ach, du irrst! Bin nur dein Freund,   1195
doch des Preises
noch nicht würdig,
nicht den Meistern
ebenbürtig:
mein Begeistern   1200
fand Verachten,
und ich weiß es,
darf nicht trachten
nach der Freundin Hand!

EVA.

Wie du irrst! Der Freundin Hand,   1205
erteilt nur sie den Preis,
wie deinen Mut ihr Herz erfand,
reicht sie nur dir das Reis.

WALTHER.

Ach nein, du irrst! Der Freundin Hand,
wär' keinem sie erkoren,   1210
wie sie des Vaters Wille band,
mir wär' sie doch verloren.
»Ein Meistersinger muß er sein:
Nur wen ihr krönt, den darf sie frei'n!«
So sprach er festlich zu den Herrn,   1215
kann nicht zurück, möcht' er's auch gern!
Das eben gab mir Mut;

1213 »Ein Meistersinger muß es sein;   1216 kann nicht zurück,
möcht' er auch gern! –

wie ungewohnt mir alles schien,
   ich sang mit Lieb' und Glut,
daß ich den Meisterschlag verdien'.   1220
    Doch diese Meister!
    Ha, diese Meister!
    Dieser Reim-Gesetze
    Leimen und Kleister!
    Mir schwillt die Galle,   1225
    das Herz mir stockt,
    denk' ich der Falle,
    darein ich gelockt! –
    Fort, in die Freiheit!
    Dorthin gehör' ich,   1230
   da wo ich Meister im Haus!
    Soll ich dich frei'n heut,
    dich nun beschwör' ich,
  flieh, und folg mir hinaus! –
    Keine Wahl ist offen,   1235
    nichts steht zu hoffen!
    Überall Meister,
    wie böse Geister,
    seh' ich sich rotten
    mich zu verspotten: 1240
    mit den Gewerken,
    aus den Gemerken,
    aus allen Ecken,
    auf allen Flecken,
    seh' ich zu Haufen   1245
    Meister nur laufen,
    mit höhnendem Nicken
    frech auf dich blicken,
    in Kreisen und Ringeln

1219 ich sang voll Lieb' und Glut, 1230 Dahin gehör' ich, –
1231 dort, wo ich Meister im Haus! 1234 komm und folg mir hinaus!
1235 Nichts steht zu hoffen; 1236 keine Wahl ist offen! –

dich umzingeln,   1250
näselnd und kreischend
zur Braut dich heischend,
als Meisterbuhle
auf dem Singestuhle,
zitternd und bebend,   1255
hoch dich erhebend: –
und ich ertrüg' es, sollt' es nicht wagen
gradaus tüchtig drein zu schlagen?

Man hört den starken Ruf eines Nachtwächterhornes. WAL-
THER *legt mit emphatischer Gebärde die Hand an sein
Schwert, und starrt wild vor sich hin.*

Ha! ...

EVA

faßt ihn besänftigend bei der Hand.

Geliebter, spare den Zorn!   1260
's war nur des Nachtwächters Horn. –
Unter der Linde
birg dich geschwinde:
hier kommt der Wächter vorbei.

MAGDALENE

an der Türe, leise.

Evchen! 's ist Zeit: mach dich frei!   1265

WALTHER.

Du fliehst?

EVA

Muß ich denn nicht?

WALTHER.

Entweichst?

EVA.

Dem Meistergericht.

Sie verschwindet mit MAGDALENE *im Hause.*

DER NACHTWÄCHTER

*ist während dem in der Gasse erschienen, kommt singend
nach vorn, biegt um die Ecke von* POGNERS *Haus, und geht
nach links zu weiter ab.*

»Hört ihr Leut und laßt euch sagen,
die Glock' hat Zehn geschlagen:
bewahrt das Feuer und auch das Licht,   1270
damit niemand kein Schad' geschicht!
Lobet Gott den Herrn!«

Als er hiermit abgegangen, hört man ihn abermals blasen.

SACHS

*welcher hinter der Ladentüre dem Gespräche gelauscht, öff-
net jetzt, bei eingezogenem Lampenlicht, ein wenig mehr.*

Üble Dinge, die ich da merk':
eine Entführung gar im Werk!
Aufgepaßt: das darf nicht sein!   1275

WALTHER

hinter der Linde.

Käm' sie nicht wieder? O der Pein! –
Doch ja! sie kommt dort! – Weh mir, nein!
Die Alte ist's! – doch aber – ja!

EVA

ist in MAGDALENES *Kleidung wieder zurückgekommen, und
geht auf* WALTHER *zu.*

Das tör'ge Kind: da hast du's! da!
*Sie sinkt ihm an die Brust.**

1271 daß niemand kein Schad' geschicht.   1274 eine Entführung
gar im Werk?   1277 Doch ja, sie kommt dort? – Weh mir! – Nein! –
* *(Sie wirft sich ihm heiter an die Brust.)*

WALTHER.

O Himmel! Ja! nun wohl ich weiß,   1280
daß ich gewann den Meisterpreis.

EVA.

Doch nun kein Besinnen!
Von hinnen! Von hinnen!
O wären wir weit schon fort!

WALTHER.

Hier durch die Gasse: dort   1285
finden wir vor dem Tor
Knecht und Rosse vor.

Als sich beide wenden, um in die Gasse einzubiegen, läßt
SACHS, *nachdem er die Lampe hinter eine Glaskugel ge-*
stellt, einen hellen Lichtschein, durch die ganz wieder geöff-
nete Ladentüre, quer über die Straße fallen, so daß EVA *und*
WALTHER *sich plötzlich hell beleuchtet sehen.*

EVA

WALTHER *hastig zurückziehend.*

O weh, der Schuster! Wenn der uns säh'!
Birg dich! komm ihm nicht in die Näh'!

WALTHER.

Welch andrer Weg führt uns hinaus?   1290

EVA

nach rechts deutend.

Dort durch die Straße: doch der ist kraus,
ich kenn' ihn nicht gut; auch stießen wir dort
auf den Wächter.

WALTHER.

Nun denn: durch die Gasse!

1284 O, wären wir schon fort!

EVA.

Der Schuster muß erst vom Fenster fort.

WALTHER.

Ich zwing' ihn, daß er's verlasse.   1295

EVA.

Zeig dich ihm nicht: er kennt dich!

WALTHER.

Der Schuster?

EVA.

's ist Sachs!

WALTHER.

Hans Sachs? Mein Freund?

EVA.

Glaub's nicht!
Von dir zu sagen Übles nur wußt' er.

WALTHER.

Wie, Sachs? Auch er? – Ich lösch' ihm das Licht!

BECKMESSER *ist, dem Nachtwächter in einiger Entfernung
nachschleichend, die Gasse herauf gekommen, hat nach den
Fenstern von* POGNERS *Hause gespäht, und, an* SACHSENS
*Haus angelehnt, zwischen den beiden Fenstern einen Stein-
sitz sich ausgesucht, auf welchem er sich, immer nur nach
dem gegenüberliegenden Fenster aufmerksam lugend, niedergelassen hat: jetzt stimmt er eine mitgebrachte Laute.*

EVA

Walther zurückhaltend.

Tu's nicht! – Doch horch!

1297 WALTHER. Hans Sachs? Mein Freund!   1298 Von dir Übles
zu sagen nur wußt' er.   *nach* 1298 Sechste Szene

WALTHER.

Einer Laute Klang? 1300

EVA.

Ach, neue Not!

WALTHER.

Wie wird dir bang?
Der Schuster, sieh, zog ein das Licht: –
so sei's gewagt!

EVA.

Weh! Hörst du denn nicht?
Ein andrer kam, und nahm dort Stand.

WALTHER.

Ich hör's und seh's: ein Musikant. 1305
Was will der hier so spät des Nachts?

EVA.

's ist Beckmesser schon!

SACHS

*als er den ersten Ton der Laute vernommen, hat, von einem
plötzlichen Einfall erfaßt, das Licht wieder etwas eingezo-
gen, leise auch den untern Teil des Ladens geöffnet, und seinen Werktisch ganz unter die Türe gestellt. Jetzt hat er
Evas Ausruf vernommen.*

Aha! ich dacht's!

WALTHER.

Der Merker! Er? in meiner Gewalt?
Drauf zu! den Lungrer mach' ich kalt!

1301 EVA. Ach! meine Not! [*Vgl. Nachwort.*]   1303 EVA. Weh!
Siehst du denn nicht?

EVA.

Um Gott! so hör! Willst den Vater wecken? 1310
Er singt ein Lied, dann zieht er ab.
Laß dort uns im Gebüsch verstecken. –
Was mit den Männern ich Müh doch hab'!

Sie zieht WALTHER *hinter das Gebüsch auf die Bank unter
der Linde.*

BECKMESSER

*klimpert voll Ungeduld heftig auf der Laute, ob sich das
Fenster nicht öffnen wolle? Als er endlich anfangen will, zu
singen, beginnt* SACHS, *der soeben das Licht wieder hell auf
die Straße fallen ließ, laut mit dem Hammer auf den Leisten zu schlagen, und singt sehr kräftig dazu.*

SACHS.

Jerum! Jerum!
Halla halla he!   1315
Oho! Trallalei! o he!
Als Eva aus dem Paradies
von Gott dem Herrn verstoßen,
gar schuf ihr Schmerz der harte Kies
an ihrem Fuß dem bloßen.   1320
Das jammerte den Herrn,
ihr Füßchen hat er gern;
und seinem Engel rief er zu:
»da mach der armen Sündrin Schuh!
Und da der Adam, wie ich seh',   1325
an Steinen dort sich stößt die Zeh',
das recht fortan
er wandeln kann,
so miß dem auch Stiefeln an!«

1310 Um Gott! So hör! Willst du den Vater wecken?   1315 Hallahallohe!   1316 O ho! Tralalei! Tralalei! O ho!   1322 ihr Füßchen
hatt' er gern:

BECKMESSER

alsbald nach Beginn des Verses.

Was soll das sein? –   1330
Verdammtes Schrei'n!
Was fällt dem groben Schuster ein?

Vortretend.

Wie, Meister? Auf? So spät zur Nacht?

SACHS.

Herr Stadtschreiber! Was, Ihr wacht? –
Die Schuh machen Euch große Sorgen?   1335
Ihr seht, ich bin dran: Ihr habt sie morgen.

BECKMESSER.

Hol der Teufel die Schuh!
Ich will hier Ruh!

WALTHER

zu Eva.

Was heißt das Lied? Wie nennt er dich?

EVA.

Ich hört' es schon: 's geht nicht auf mich.   1340
Doch eine Bosheit steckt darin.

WALTHER.

Welch Zögernis! Die Zeit geht hin!

SACHS

weiterarbeitend.

Jerum! Jerum!
Halla halla he!

1330–1331 *Ensemble mit* 1316   1332 *nach* 1320   1333 Wie? Meister! Auf? Noch so spät zur Nacht?   1338 Hier will ich Ruh!
1339–1342 *Ensemble mit* 1321–1327   1343 *Ensemble mit* 1338
1344 *wie* 1315

O ho! Trallalei! O he!   1345
O Eva! Eva! Schlimmes Weib!
          Das hast du am Gewissen,
daß ob der Füß' am Menschenleib
          jetzt Engel schustern müssen!
          Bliebst du im Paradies,   1350
          da gab es keinen Kies.
Ob deiner jungen Missetat
hantier' ich jetzt mit Ahl' und Draht,
und ob Herrn Adams übler Schwäch'
versohl' ich Schuh und streiche Pech.   1355
          Wär' ich nicht fein
          ein Engel rein,
          Teufel mögte Schuster sein!

        BECKMESSER.
          Gleich höret auf!
          Spielt Ihr mir Streich'?   1360
          Bleibt Ihr tags
          und nachts Euch gleich?

        SACHS.
          Wenn ich hier sing',
          was kümmert's Euch?
          Die Schuhe sollen   1365
          doch fertig werden?

        BECKMESSER.
          So schließt Euch ein
          und schweigt dazu still!

        SACHS.
          Des Nachts arbeiten
          macht Beschwerden;   1370

1345 O ho! Tralalei! Tralalei! O he!   1352 Um deiner jungen Missetat   *nach* 1358 SACHS. Je--- *Ensemble mit* 1359   1360–1376 *kein
Ensemble*

wenn ich da munter
bleiben will,
da brauch' ich Luft
und frischen Gesang:
drum hört, wie der dritte   1375
Vers gelang!

WALTHER
zu Eva.

Uns, oder dem Merker?
Wem spielt er den Streich?

EVA
zu Walther.

Ich fürcht', uns dreien
gilt es gleich.   1380
O weh der Pein!
Mir ahnt nichts Gutes!

WALTHER.

Mein süßer Engel,
sei guten Mutes!

EVA.

Mich betrübt das Lied!   1385

WALTHER.

Ich hör' es kaum!
Du bist bei mir:
Welch holder Traum!
Er zieht sie zärtlich an sich.

1373 so brauch' ich Luft   1377–1388 *Ensemble mit* 1347–1354
1380 gilt er gleich.

BECKMESSER

während SACHS *bereits weitersingt.*

Er macht mich rasend! – Das grobe Geschrei!
Am End' denkt sie gar, daß ich das sei!   1390

SACHS

fortarbeitend.

Jerum! Jerum!
Halla halla he!
O ho! Trallalei! O he!
O Eva! Hör mein Klageruf,
        mein Not und schwer Verdrüßen: 1395
die Kunstwerk', die ein Schuster schuf,
        sie tritt die Welt mit Füßen!
        Gäb' nicht ein Engel Trost,
        der gleiches Werk erlost,
und rief' mich oft ins Paradies,   1400
wie dann ich Schuh und Stiefeln ließ'!
Doch wenn der mich im Himmel hält,
dann liegt zu Füßen mir die Welt,
        und bin in Ruh
        Hans Sachs ein Schuh-   1405
macher und Poet dazu.

BECKMESSER

*das Fenster gewahrend, welches jetzt sehr leise geöffnet
wird.*

Das Fenster geht auf: – Herr Gott, 's ist sie!

EVA

zu Walther.

Mich schmerzt das Lied, ich weiß nicht wie! –
O fort, laß uns fliehen!

1389–1390 *Ensemble mit* 1391–1393   1392 *wie* 1315   1393 *wie*
1345   1401 wie ich da Schuh und Stiefel ließ'!   1402 Doch wenn
mich der im Himmel hält,   1407 Das Fenster geht auf!

WALTHER
das Schwert halb ziehend.

Nun denn: mit dem Schwert!

EVA.

Nicht doch! Ach halt!

WALTHER.

Kaum wär' er's wert!   1410

EVA.

Ja, besser Geduld! O lieber Mann!
Daß ich so Not dir machen kann!

WALTHER.

Wer ist am Fenster?

EVA.

's ist Magdalene.

WALTHER.

Das heiß' ich vergelten: fast muß ich lachen.

EVA.

Wie ich ein End' und Flucht mir ersehne!   1415

WALTHER.

Ich wünscht' er möchte den Anfang machen.
Sie folgen dem Vorgang mit wachsender Teilnahme.

BECKMESSER
*der, während Sachs fortfährt zu arbeiten und zu singen, in
großer Aufregung mit sich beraten hat.*

Jetzt bin ich verloren, singt er noch fort! –

1410 EVA. Nicht doch! Ach, halt! BECKMESSER. Herr Gott! 's ist
sie. – WALTHER. Kaum wär' er's wert.   1411 Ja, besser Geduld!
BECKMESSER. Jetzt bin ich verloren, singt der noch fort! EVA. O, be-
ster Mann!   1413–1416 *Ensemble mit* 1418–1423   1417 *vgl.* 1411

Er tritt an den Laden heran.

Freund Sachs! So hört doch nur ein Wort! –
Wie seid Ihr auf die Schuh versessen!
Ich hatt' sie wahrlich schon vergessen.   1420
Als Schuster seid Ihr mir wohl wert,
als Kunstfreund doch weit mehr verehrt.
Eu'r Urteil, glaubt, das halt' ich hoch;
drum bitt' ich: hört das Liedlein doch,
mit dem ich morgen möcht' gewinnen,   1425
ob das auch recht nach Euren Sinnen.

Er klimpert, mit seinem Rücken der Gasse zugewendet, auf
der Laute um die Aufmerksamkeit der dort am Fenster sich
zeigenden MAGDALENE *zu beschäftigen, und sie dadurch zu-*
rückzuhalten.

SACHS.

O ha! Wollt mich beim Wahne fassen?
Mag mich nicht wieder schelten lassen.
Seit sich der Schuster dünkt Poet,
gar übel es um Eu'r Schuhwerk steht;   1430
    ich seh' wie's schlappt,
    und überall klappt:
    drum lass' ich Vers' und Reim'
    gar billig nun daheim,
Verstand und Kenntnis auch dazu,   1435
mach' Euch für morgen die neuen Schuh.

BECKMESSER

*wiederum in der vorigen Weise klimpernd.**

Laßt das doch sein, das war ja nur Scherz.
Vernehmt besser, wie's mir ums Herz!

1423 Eu'r Urteil, glaubt, das halt ich wert;   1435 Verstand und
Witz, und Kenntnis dazu,   *vor* 1437 *(kreischend)*
* *fehlt*

Vom Volk seid Ihr geehrt,
auch der Pognerin seid Ihr wert: 1440
will ich vor aller Welt
nun morgen um die werben,
sagt, könnt's mich nicht verderben,
wenn mein Lied Euch nicht gefällt?
Drum hört mich ruhig an;   1445
und sang ich, sagt mir dann,
was Euch gefällt, was nicht,
daß ich mich danach richt'.

    Er klimpert wieder.*

SACHS.

Ei laßt mich doch in Ruh!
Wie käm' solche Ehr' mir zu?   1450
Nur Gassenhauer dicht' ich zum meisten;
drum sing' ich zur Gassen, und hau' auf den
                        Leisten.

    Fortarbeitend.

Jerum! Jerum!
Halla halla hei!

BECKMESSER.

Verfluchter Kerl! – Den Verstand verlier' ich,   1455
mit seinem Lied voll Pech und Schmierich! –
Schweigt doch! Weckt Ihr die Nachbarn auf?

SACHS.

Die sind's gewohnt: 's hört keiner drauf. –
»O Eva; Eva! schlimmes Weib!« –

1444 wenn mein Lied ihr nicht gefällt?   1450 wie käme solche Ehr'
mir zu?   1454 Hallahallohe! O ho! Tralalei! Tralalei! O he!
1455–1457 *Ensemble mit* 1453–1454   1458 Die sind's gewöhnt,
's hört keiner drauf! –   1459 O Eva! Eva!
* *fehlt*

BECKMESSER

wütend.

O Ihr boshafter Geselle!   1460
Ihr spielt mir heut den letzten Streich!
        Schweigt Ihr nicht auf der Stelle,
so denkt Ihr dran, das schwör' ich Euch.
        Neidisch seid Ihr, nichts weiter,
        dünkt Ihr Euch gleich gescheiter: 1465
daß andre auch was sind, ärgert Euch schändlich;
glaubt, ich kenne Euch aus- und inwendlich!
Daß man Euch noch nicht zum Merker gewählt,
das ist's, was den gallichten Schuster quält.
Nun gut! So lang als Beckmesser lebt,   1470
und ihm noch ein Reim an den Lippen klebt,
so lang ich noch bei den Meistern was gelt',
        ob Nürnberg »blüh' und wachs'«
        das schwör' ich Herrn Hans Sachs,
nie wird er je zum Merker bestellt!   1475

Er klimpert wieder heftig.

SACHS

der ihm ruhig und aufmerksam zugehört.

War das Eu'r Lied?

BECKMESSER.

Der Teufel hol's!

SACHS.

Zwar wenig Regel: doch klang's recht stolz!

BECKMESSER.

Wollt Ihr mich hören?

1462 Schweigt Ihr jetzt nicht auf der Stelle,   *nach* 1463 (*Er klimpert
wütend.*)   1465 dünkt Ihr Euch auch gleich gescheiter;

SACHS.

In Gottes Namen,
singt zu: ich schlag' auf der Sohl' die Rahmen.

BECKMESSER.

Doch schweigt Ihr still?

SACHS.

Ei, singet Ihr,   1480
die Arbeit, schaut, fördert's auch mir.
Er schlägt fort auf den Leisten.

BECKMESSER.

Das verfluchte Klopfen wollt Ihr doch lassen?

SACHS.

Wie sollt' ich die Sohl' Euch richtig fassen?

BECKMESSER.

Was? wollt Ihr klopfen, und ich soll singen?

SACHS.

Euch muß das Lied, mir der Schuh gelingen.   1485
Er klopft immer fort.

BECKMESSER.

Ich mag keine Schuh.

SACHS.

Das sagt Ihr jetzt;
in der Singschul' Ihr mir's dann wieder versetzt. –
Doch hört! Vielleicht sich's richten läßt:
zwei-einig geht der Mensch zu best.
Darf ich die Arbeit nicht entfernen,   1490

1479 singt zu: ich schlag' auf die Sohl' die Rahmen.   1484 Was? Ihr
wollt klopfen, und ich soll singen?   1489 zweieinig geht der
Mensch am best'.

die Kunst des Merkers möcht' ich doch lernen:
darin nun kommt Euch keiner gleich;
ich lern' sie nie, wenn nicht von Euch.
Drum singt Ihr nun, ich acht' und merk',
und fördr' auch wohl dabei mein Werk.   1495

BECKMESSER.

Merkt immer zu; und was nicht gewann,
nehmt Eure Kreide, und streicht's mir an.

SACHS.

Nein, Herr! da fleckten die Schuh mir nicht:
mit dem Hammer auf den Leisten halt' ich Gericht.

BECKMESSER.

Verdammte Bosheit! – Gott, und 's wird spät: 1500
am End' mir die Jungfer vom Fenster geht!
        Er klimpert wie um anzufangen.

SACHS
        aufschlagend.

Fanget an! 's pressiert! Sonst sing' ich für mich!

BECKMESSER.

Haltet ein! nur das nicht! – Teufel! wie ärgerlich! –
Wollt Ihr Euch denn als Merker erdreisten,   1504
nun gut, so merkt mit dem Hammer auf dem Leisten: –
nur mit dem Beding, nach den Regeln scharf;
aber nichts, was nach den Regeln ich darf.

SACHS.

Nach den Regeln, wie sie der Schuster kennt,
dem die Arbeit unter den Händen brennt.

1491 die Kunst des Merkers möcht' ich erlernen; 1492 darin
kommt Euch nun keiner gleich: 1497 nehmt Eure Kreide und
streicht mir's an.

BECKMESSER.

Auf Meister-Ehr'!

SACHS.

Und Schuster-Mut!   1510

BECKMESSER.

Nicht einen Fehler: glatt und gut!

SACHS.

Dann gingt Ihr morgen unbeschuht. –
Setzt Euch denn hier!

BECKMESSER

an die Ecke des Hauses sich stellend.
Laßt hier mich stehen!

SACHS.

Warum so fern?

BECKMESSER.

Euch nicht zu sehen,
wie's Brauch in der Schul' vor dem Gemerk.   1515

SACHS.

Da hör' ich Euch schlecht.

BECKMESSER.

Der Stimme Stärk'
ich so gar lieblich dämpfen kann.

SACHS.

Wie fein! – Nun gut denn! – Fanget an!

Kurzes Vorspiel BECKMESSERS *auf der Laute, wozu* }
    MAGDALENE *sich breit in das Fenster legt.*

1510 BECKMESSER. Auf Meisterehr'?   1514 SACHS. Warum so
weit?   1515 wie's Brauch der Schul' vor dem Gemerk'.

WALTHER

zu Eva.

Welch toller Spuk! Mich dünkt's ein Traum:
den Singstuhl, scheint's, verließ ich kaum!   1520

EVA.

Die Schläf' umwebt's mir, wie ein Wahn:
ob's Heil, ob Unheil, was ich ahn'?

Sie sinkt wie betäubt an WALTHERS *Brust: so verblei-
ben sie.*

BECKMESSER

zur Laute.

»Den Tag seh' ich erscheinen,
der mir wohl gefall'n tut …

SACHS *schlägt auf.* BECKMESSER *zuckt, fährt aber fort.*

»Da faßt mein Herz sich einen   1525
guten und frischen Mut.«

SACHS *hat zweimal aufgeschlagen.* BECKMESSER *wendet sich
leise, doch wütend um.*

Treibt Ihr hier Scherz?
Was wär' nicht gelungen?

SACHS.

Besser gesungen:
»da faßt mein Herz   1530
sich einen guten und frischen Mut.«

BECKMESSER.

Wie sollt' sich das reimen
auf »seh' ich erscheinen«?

1519–1522 *Ensemble mit* 1513–1517   1521 Die Schläf' umwebt
mir's wie ein Wahn: 1526 guten und frischen«   1531 sich einen
guten, frischen«?   1532 Wie soll sich das reimen

SACHS.

Ist Euch an der Weise nichts gelegen?
Mich dünkt, 'sollt' passen Ton und Wort.   1535

BECKMESSER.

Mit Euch hier zu streiten? – Laßt von den Schlägen,
sonst denkt Ihr mir dran!

SACHS.

                    Jetzt fahret fort!

BECKMESSER.

Bin ganz verwirrt!

SACHS.

                    So fangt noch mal an:
drei Schläg' ich jetzt pausieren kann.

BECKMESSER
für sich.

Am besten, wenn ich ihn gar nicht beacht': –   1540
wenn's nur die Jungfer nicht irre macht!

                    Er räuspert sich und beginnt wieder.

            »Den Tag seh' ich erscheinen,
            der mir wohl gefall'n tut;
            da faßt mein Herz sich einen
            guten und frischen Mut: 1545
            da denk' ich nicht an Sterben,
                lieber an Werben
            um jung Mägdeleins Hand.
            Warum wohl aller Tage
            schönster mag dieser sein?   1550
            Allen hier ich es sage:
            weil ein schönes Fräulein
            von ihrem lieb'n Herrn Vater,

1536 Mit Euch zu streiten? Laßt von den Schlägen,

wie gelobt hat er,
ist bestimmt zum Eh'stand.   1555
Wer sich getrau',
der komm' und schau'
da stehn die hold lieblich Jungfrau,
auf die ich all mein' Hoffnung bau':
darum ist der Tag so schön blau,   1560
als ich anfänglich fand.«

Von der sechsten Zeile an hat SACHS *wieder aufgeschlagen,*
wiederholt, und meist mehrere Male schnell hintereinander;
BECKMESSER, *der jedes Mal schmerzlich zusammenzuckte,*
war genötigt, bei Bekämpfung der innern Wut oft den Ton,
den er immer zärtlich zu halten sich bemüht, kurz und hef-
tig auszustoßen, was das Komische seines gänzlich prosodie-
losen Vortrages sehr vermehrte. – Jetzt bricht er wütend um
die Ecke auf SACHS *los.*

BECKMESSER.

Sachs! – Seht! – Ihr bringt mich um!
Wollt Ihr jetzt schweigen?

SACHS.

Ich bin ja stumm?
Die Zeichen merkt' ich: wir sprechen dann;
derweil lassen die Sohlen sich an.   1565

BECKMESSER

nach dem Fenster lugend, und schnell wieder klimpernd.

Sie entweicht? Bst, bst! – Herr Gott! ich muß!
Um die Ecke herum die Faust gegen Sachs ballend.
Sachs! Euch gedenk' ich die Ärgernuß!

SACHS

mit dem Hammer nach dem Leisten ausholend.

Merker am Ort! –
Fahret fort!

BECKMESSER.

»Will heut mir das Herz hüpfen,   1570
werben um Fräulein jung,
doch tät der Vater knüpfen
daran ein' Bedingung
für den, wer ihn beerben
    will, und auch werben   1575
um sein Kindelein fein.
Der Zunft ein biedrer Meister,
wohl sein' Tochter er liebt,
doch zugleich auch beweist er
was er auf die Kunst gibt: 1580
zum Preise muß es bringen
    im Meistersingen,
wer sein Eidam will sein.
    Nun gilt es Kunst,
    daß mit Vergunst   1585
ohn' all schädlich gemeinen Dunst,
ihm glücke des Preises Gewunst,
wer begehrt mit wahrer Inbrunst
    um die Jungfrau zu frei'n.«

BECKMESSER, *nur den Blick auf das Fenster heftend, hat mit
wachsender Angst* MAGDALENES *mißbehagliche Gebärden
bemerkt; um* SACHSENS *fortgesetzte Schläge zu übertäuben,
hat er immer stärker und atemloser gesungen. – Er ist im
Begriffe, sofort weiter zu singen, als* SACHS, *der zuletzt die
Keile aus den Leisten schlug, und die Schuhe abgezogen
hat, sich vom Schemel erhebt, und über den Laden sich heraus lehnt.*

SACHS.

Seid Ihr nun fertig?

BECKMESSER

in höchster Angst.
Wie fraget Ihr?   1590

SACHS

die Schuhe triumphierend aus dem Laden heraushaltend.

Mit den Schuhen ward ich fertig schier! –
Das heiß' ich mir rechte Merkerschuh: –
mein Merkersprüchlein hört dazu!

> Mit lang und kurzen Hieben,
> steht's auf der Sohl' geschrieben: 1595
> da lest es klar
> und nehmt es wahr,
> und merkt's Euch immerdar. –
> Gut Lied will Takt;
> wer den verzwackt, 1600
> dem Schreiber mit der Feder
> haut ihn der Schuster aufs Leder. –
> Nun lauft in Ruh,
> habt gute Schuh;
> der Fuß Euch drin nicht knackt: 1605
> ihn hält die Sohl' im Takt!

Er lacht laut.

BECKMESSER

*der sich ganz in die Gasse zurückgezogen, und an
die Mauer zwischen den beiden Fenstern von* SACH-
SENS *Hause sich anlehnt, singt, um* SACHS *zu übertäuben, zugleich, mit größter Anstrengung, schreiend
und atemlos hastig, seinen dritten Vers.*

> »Darf ich Meister mich nennen,
> das bewähr' ich heut gern,
> weil nach dem Preis ich brennen
> muß, dursten und hungern. 1610

1592 *Das heiß' ich mir echte Merkerschuh:* 1594–1595 *Ensemble
mit* 1607–1610 1596–1598 *Ensemble mit* 1611–1613, 1633–1634
1599–1606 *Ensemble mit* 1614–1632, 1635–1637 1607 »*Darf ich
mich Meister nennen,* 1609 *weil ich nach dem Preis brennen*

Nun ruf' ich die neun Musen,
      daß an sie blusen
mein dicht'rischen Verstand.
Wohl kenn' ich alle Regeln,
halte gut Maß und Zahl;   1615
doch Sprung und Überkegeln
wohl passiert je einmal,
wann der Kopf, ganz voll Zagen,
      zu frei'n will wagen
um ein' jung Mägdleins Hand.   1620
      Ein Junggesell,
      trug ich mein Fell,
mein Ehr', Amt, Würd' und Brot zur Stell',
daß Euch mein Gesang wohl gefäll',
und mich das Jungfräulein erwähl',   1625
      wenn sie mein Lied gut fand.«

NACHBARN

erst einige, dann mehrere, öffnen, während des Ge-
sanges, in der Gasse die Fenster, und gucken heraus.

Wer heult denn da? Wer kreischt mit Macht?
Ist das erlaubt so spät zur Nacht? –
Gebt Ruhe hier! 's ist Schlafenszeit!
Mein, hört nur, wie der Esel schreit! –   1630
Ihr da! Seid still, und schert Euch fort!
Heult, kreischt und schreit an andrem Ort!

DAVID

hat ebenfalls den Fensterladen, dicht bei Beckmesser,
ein wenig geöffnet, und lugt hervor.

Wer Teufel hier? – und drüben gar?
Die Lene ist's, – ich seh' es klar!
Herrje! das war's, den hat sie bestellt;   1635

1620 um jung Mägdeleins Hand.   1635 Herr Je! Der war's! Den
hat sie bestellt.

der ist's, der ihr besser als ich gefällt! –
Nun warte! du kriegst's! dir streich' ich das Fell! –
Zum Teufel mit dir, verdammter Gesell!

DAVID *ist, mit einem Knüppel bewaffnet, hinter dem Laden
aus dem Fenster hervorgesprungen, zerschlägt* BECKMESSERS
Laute, und wirft sich über ihn selbst her.

MAGDALENE

*die zuletzt, um den Merker zu entfernen, mit übertrieben
beifälligen Bewegungen herabgewinkt hat, schreit jetzt laut
auf.*

Ach Himmel! David! Gott, welche Not!
Zu Hilfe! zu Hilfe! Sie schlagen sich tot!   1640

BECKMESSER

mit David sich balgend.

Verfluchter Kerl! Läßt du mich los?

DAVID.

Gewiß! die Glieder brech' ich dir bloß!

Sie balgen und prügeln sich in einem fort.

NACHBARN

an den Fenstern.

Seht nach! Springt zu! Da würgen sich zwei!

ANDERE NACHBARN

auf die Gasse heraustretend.

Heda! Herbei! 's gibt Prügelei!
Ihr da! auseinander! Gebt freien Lauf! –   1645
Laßt ihr nicht los, wir schlagen drauf!

---

vor 1638 Siebente Szene 1638–1772 [*Hier weicht die Fassung der
Partitur in so vielen Punkten von der des Textbuchs ab, daß auf eine
Angabe der Varianten am Fuß der Seite verzichtet wird. Statt dessen
wird der Text der Partitur im Anhang separat vollständig wiedergegeben.*]

EIN NACHBAR.

Ei seht! Auch Ihr da? Geht's Euch was an?

EIN ZWEITER.

Was sucht Ihr hier? Hat man Euch was getan?

1. NACHBAR.

Euch kennt man gut!

2. NACHBAR.

      Euch noch viel besser!

1. NACHBAR.

Wieso denn?

2. NACHBAR
zuschlagend.

    Ei, so!

MAGDALENE
hinabschreiend.

    David! Beckmesser!   1650

LEHRBUBEN
kommen dazu.

Herbei! Herbei! 's gibt Keilerei!

EINIGE.

's sind die Schuster!

ANDERE.

    Nein, 'sind die Schneider!

DIE ERSTEREN.

Die Trunkenbolde!

DIE ANDERN.

    Die Hungerleider!

DIE NACHBARN
auf der Gasse, durcheinander.

Euch gönnt' ich's schon lange! –
Wird Euch wohl bange?   1655
Das für die Klage! –
Seht Euch vor, wenn ich schlage! –
Hat Euch die Frau gehetzt? –
Schau wie es Prügel setzt! –
Seid Ihr noch nicht gewitzt? –   1660
So schlagt doch! – Das sitzt! –
Daß dich, Halunke! –
Hie Färbertunke! –
Wartet, ihr Racker!
Ihr Maßabzwacker! –   1665
Esel! – Dummrian! –
Du Grobian! –
Lümmel du! –
Drauf und zu!

LEHRBUBEN
durcheinander, zugleich mit den Nachbarn.

Kennt man die Schlosser nicht?   1670
Die haben's sicher angericht'! –
Ich glaub' die Schmiede werden's sein. –
Die Schreiner seh' ich dort beim Schein. –
Hei! Schau die Schäffler dort beim Tanz. –
Dort seh' die Bader ich im Glanz. –   1675
Krämer finden sich zur Hand
mit Gerstenstang und Zuckerkand;
mit Pfeffer, Zimt, Muskatennuß,
     sie riechen schön,
     sie riechen schön,   1680
doch haben viel Verdruß,
und bleiben gern vom Schuß. –
     Seht nur, der Hase!
     Hat üb'rall die Nase! –

Meinst du damit etwa mich? –   1685
Mein' ich damit etwa dich?
Da hast's auf die Schnauze! –
Herr, jetzt setzt's Plautze! –
Hei! Krach! Hagelwetterschlag!
Wo das sitzt, da wächst nichts nach!   1690
  Keilt euch wacker,
  haut die Racker!
Haltet selbst Gesellen Stand;
wer da wich', 's wär' wahrlich Schand'!
  Drauf und dran!   1695
  Wie ein Mann
stehn wir alle zur Keilerei!

Bereits prügeln sich Nachbarn und Lehrbuben fast
allgemein durcheinander.

GESELLEN
von allen Seiten dazu kommend.

Heda! Gesellen ran!
Dort wird mit Streit und Zank getan.
Da gibt's gewiß gleich Schlägerei;   1700
Gesellen, haltet euch dabei!
'Sind die Weber und Gerber! –
Dacht' ich's doch gleich! –
Die Preisverderber!
Spielen immer Streich'! –   1705
Dort den Metzger Klaus,
den kennt man heraus! –
Zünfte! Zünfte!
Zünfte heraus! –
Schneider mit dem Bügel!   1710
Hei, hie setzt's Prügel!
Gürtler! – Zinngießer! –
Leimsieder! – Lichtgießer!
Tuchscherer her!
Leinweber her!   1715

Hieher! Hieher!
Immer mehr! Immer mehr!
Nur tüchtig drauf! Wir schlagen los:
jetzt wird die Keilerei erst groß! –
Lauft heim, sonst kriegt' ihr's von der Frau; 1720
hier gibt's nur Prügel-Färbeblau!
  Immer ran!
  Mann für Mann!
  Schlagt sie nieder!
Zünfte! Zünfte! Heraus! – 1725

DIE MEISTER

und ÄLTEREN BÜRGER *von verschiedenen Seiten dazu kommend.*

Was gibt's denn da für Zank und Streit?
Das tost ja weit und breit!
Gebt Ruh und scher' sich jeder heim,
sonst schlag' ein Hageldonnerwetter drein!
Stemmt euch hier nicht mehr zu Hauf, 1730
oder sonst wir schlagen drauf. –

DIE NACHBARINNEN

an den Fenstern, durcheinander.

Was ist denn da für Streit und Zank?
's wird einem wahrlich angst und bang!
Da ist mein Mann gewiß dabei:
gewiß kommt's noch zur Schlägerei! 1735
  He da! Ihr dort unten,
  so seid doch nur gescheit!
  Seid ihr zu Streit und Raufen
  gleich alle so bereit?
  Was für ein Zanken und Toben! 1740
  Da werden schon Arme erhoben!
  Hört doch! Hört doch!
  Seid ihr denn toll?
  Sind euch die Köpfe

vom Weine noch voll? | 1745
Zu Hilfe! zu Hilfe!
Da schlägt sich mein Mann!
Der Vater! der Vater!
Sieht man das an?
Christian! Peter! | 1750
Niklaus! Hans!
Auf! schreit Zeter! –
Hörst du nicht, Franz?
Gott! wie sie walken!
's wackeln die Zöpfe! | 1755
Wasser her! Wasser her!
Gießt's ihn' auf die Köpfe!

Die Rauferei ist allgemein geworden. Schreien und
Toben.

MAGDALENE

am Fenster verzweiflungsvoll die Hände ringend.

Ach Himmel! Meine Not ist groß! –
David! So hör mich doch nur an!
So laß doch nur den Herren los! | 1760
Er hat mir ja nichts getan! –

POGNER

ist im Nachtgewand oben an das Fenster getreten,
und zieht MAGDALENE *herein.*

Um Gott! Eva! schließ zu! –
Ich seh', ob im Haus unten Ruh!

Das Fenster wird geschlossen; bald darauf erscheint
POGNER *an der Haustüre.*

SACHS

hat, als der Tumult begann, sein Licht gelöscht, und
den Laden so weit geschlossen, daß er durch eine
kleine Öffnung stets den Platz unter der Linde be-
obachten konnte. – WALTHER *und* EVA *haben mit*

*wachsender Sorge dem anschwellenden Tumulte zu-
gesehen. Jetzt faßt* WALTHER EVA *dicht in den Arm.*

WALTHER.

Jetzt gilt's zu wagen,
sich durchzuschlagen! 1765

*Mit geschwungenem Schwerte dringt er bis in die Mitte der
Bühne vor. – Da springt* SACHS *mit einem Satz aus dem Laden auf die Straße, und packt* WALTHER *beim Arm.*

POGNER

auf der Treppe.

He Lene wo bist du?

SACHS

die halbohnmächtige EVA *auf die Treppe stoßend.*

Ins Haus, Jungfer Lene!

POGNER *empfängt sie, und zieht sie beim Arme herein.*

SACHS

*mit dem geschwungenen Knieriemen, mit dem er sich be-
reits bis zu Walther Platz gemacht hatte, jetzt dem David
eines überhauend, und ihn mit einem Fußtritt voran in den
Laden stoßend, zieht* WALTHER, *den er mit der andern
Hand gefaßt hält, gewaltsam schnell mit sich ebenfalls hinein, und schließt sogleich fest hinter sich zu.*

BECKMESSER

durch SACHS *von* DAVID *befreit, sucht sich eilig durch die
Menge zu flüchten. – Im gleichen Augenblicke, wo Sachs
auf die Straße sprang, hörte man, rechts zur Seite im Vordergrunde, einen besonders starken Hornruf des Nachtwächters.* LEHRBUBEN, BÜRGER *und* GESELLEN, *suchten in
eiliger Flucht sich nach allen Seiten hin zu entfernen: so daß
die Bühne sehr schnell gänzlich geleert ist, alle Haustüren
hastig geschlossen, und auch die* NACHBARINNEN *von den*

Fenstern, welche sie zugeschlagen, verschwunden sind. –
Der Vollmond tritt hervor, und scheint hell in die Gasse
hinein.

DER NACHTWÄCHTER

betritt im Vordergrunde rechts die Bühne, reibt sich die Au-
gen, sieht sich verwundert um, schüttelt den Kopf, und
stimmt, mit etwas bebender Stimme seinen Ruf an.

Hört ihr Leut, und laßt euch sagen:
die Glock' hat Eilfe geschlagen.
Bewahrt euch vor Gespenstern und Spuk,   1770
daß kein böser Geist eu'r Seel' beruck'!
Lobet Gott den Herrn!

Er geht während dem langsam die Gasse hinab. Als der
Vorhang fällt, hört man den Hornruf des Nachtwächters
wiederholen.

Dritter Aufzug*

In SACHSENS *Werkstatt. (Kurzer Raum.) Im Hintergrund die halb geöffnete Ladentüre, nach der Straße führend. Rechts zur Seite eine Kammertüre. Links das nach der Gasse gehende Fenster, mit Blumenstöcken davor, zur Seite ein Werktisch. Sachs sitzt auf einem großen Lehnstuhle an diesem Fenster, – durch welches die Morgensonne hell auf ihn hereinscheint: er hat vor sich auf dem Schoße einen großen Folianten, und ist im Lesen vertieft. –* DAVID *lugt spähend von der Straße zur Ladentüre herein: da er sieht, daß* SACHS *seiner nicht achtet, tritt er herein, mit einem Korbe im Arm, den er zuvörderst schnell und verstohlen unter den andern Werktisch beim Laden stellt; – dann von neuem versichert, daß* SACHS *ihn nicht bemerkt, nimmt er den Korb vorsichtig herauf, und untersucht den Inhalt: er hebt Blumen und Bänder heraus; endlich findet er auf dem Grunde eine Wurst und einen Kuchen, und läßt sich sogleich an, diese zu verzehren, als* SACHS, *der ihn fortwährend nicht beachtet, mit starkem Geräusch eines der großen Blätter des Folianten umwendet.*

DAVID
fährt zusammen, verbirgt das Essen und wendet sich.

> Gleich! Meister! Hier! –
> Die Schuh sind abgegeben
> in Herrn Beckmessers Quartier. –   1775
> Mir war's, Ihr rieft mich eben? –
>
> *Beiseite.*
>
> Er tut, als säh' er mich nicht?
> Da ist er bös, wenn er nicht spricht! –

---

* [*danach:*] Erste Szene

1776 Mir war's, als rieft Ihr mich eben? –

Sich demütig sehr allmählich nähernd.

Ach, Meister! wollt mir verzeihn!
Kann ein Lehrbub vollkommen sein?   1780
Kenntet Ihr die Lene, wie ich,
dann vergäbt Ihr mir sicherlich.
Sie ist so gut, so sanft für mich,
und blickt mich oft an, so innerlich:
wenn Ihr mich schlagt, streichelt sie mich,   1785
und lächelt dabei holdseliglich!
Muß ich karieren, füttert sie mich,
und ist in allem gar liebelich.
Nur gestern, weil der Junker versungen,
hab' ich den Korb ihr nicht abgerungen: 1790
das schmerzte mich; und da ich fand,
daß nachts einer vor dem Fenster stand,
und sang zu ihr, und schrie wie toll,
da hieb ich dem den Buckel voll.
Wie käm' nun da was groß drauf an?   1795
Auch hat's unsrer Lieb' gar gut getan:
die Lene hat eben mir alles erklärt,
und zum Fest Blumen und Bänder beschert.

Er bricht in immer größere Angst aus.

Ach, Meister! sprecht doch nur ein Wort!

Beiseite.

Hätt' ich nur die Wurst und den Kuchen fort! –   1800

SACHS

der unbeirrt weitergelesen, schlägt jetzt den Folianten zu.
Von dem starken Geräusch erschrickt DAVID *so, daß er*
strauchelt und unwillkürlich vor SACHS *auf die Knie fällt.*
SACHS *sieht über das Buch, das er noch auf dem Schoße be-*

1795 wie käm' nun da was Großes drauf an? –   1796 Auch hat's
unsrer Liebe gar wohl getan! –   1797 Die Lene hat mir eben alles erklärt   1800 (Hätt' ich nur die Wurst und den Kuchen erst fort!)

hält, hinweg, über DAVID, *welcher immer auf den Knien,*
furchtsam nach ihm hinaufblickt, hin, und heftet seinen
Blick unwillkürlich auf den hintern Werktisch.

Blumen und Bänder seh' ich dort:
schaut hold und jugendlich aus!
Wie kamen die mir ins Haus?

DAVID

verwundert über SACHSENS *Freundlichkeit.*

Ei, Meister! 's ist heut hoch festlicher Tag;
da putzt sich jeder, so schön er mag.   1805

SACHS.

Wär' Hochzeitfest?

DAVID.

Ja, käm's so weit,
daß David erst die Lene freit!

SACHS.

's war Polterabend, dünkt mich doch?

DAVID

für sich.

Polterabend? – Da krieg' ich's wohl noch? –

Laut.

Verzeiht das, Meister! Ich bitt', vergeßt!   1810
Wir feiern ja heut Johannisfest.

SACHS.

Johannisfest?

1801 Blumen und Bänder seh' ich dort?   1803 Wie kamen mir die
ins Haus?   1804 Ei, Meister! 's ist heut festlicher Tag;   1806 Wär'
heut Hochzeitfest? DAVID. Ja, käm's erst so weit,   1807 daß David
die Lene freit!

DAVID
beiseite.
Hört er heut schwer?

SACHS.
Kannst du dein Sprüchlein? Sag es her!

DAVID.
Mein Sprüchlein? Denk', ich kann es gut.
Beiseite.
'Setzt nichts! der Meister ist wohlgemut! –   1815
Laut.
»Am Jordan Sankt Johannes stand« –

Er hat in der Zerstreuung die Worte der Melodie von Beck-
messers Werbelied aus dem vorangehenden Aufzuge gesun-
gen; SACHS *macht eine verwundernde Bewegung, worauf*
              DAVID *sich unterbricht.*

Verzeiht, Meister; ich kam ins Gewirr;
Der Polterabend machte mich irr.

        Er fährt nun in der richtigen Melodie fort.

»Am Jordan Sankt Johannes stand,
        all Volk der Welt zu taufen: 1820
kam auch ein Weib aus fernem Land,
        von Nürnberg gar gelaufen;
sein Söhnlein trug's zum Uferrand,
        empfing da Tauf' und Namen;
doch als sie dann sich heimgewandt,   1825
        nach Nürnberg wieder kamen,
im deutschen Land gar bald sich fand's,

1813 Kannst du dein Sprüchlein, so sag es her!   1814 Mein Sprüchlein? Denk', ich kann's gut. –   *nach* 1816 SACHS. Wa .. was?
1817 Verzeiht das Gewirr!   1818 Mich machte der Polterabend
irr'.   1822 aus Nürnberg gar gelaufen: 1827 in deutschem Land
gar bald sich fand's,

daß wer am Ufer des Jordans
    Johannes war genannt,
      an der Pegnitz hieß der Hans.«   1830
                Feurig.*

Herr! Meister! 's ist Eu'r Namenstag!
Nein! Wie man so was vergessen mag! –
Hier! hier, die Blumen sind für Euch,
die Bänder, – und was nur alles noch gleich?
Ja hier! schaut, Meister! Herrlicher Kuchen!   1835
Möchtet Ihr nicht auch die Wurst versuchen?

SACHS

immer ruhig, ohne seine Stellung zu verändern.

Schön Dank, mein Jung'! behalt's für dich!
Doch heut auf die Wiese begleitest du mich:
mit den Bändern und Blumen putz dich fein;
sollst mein stattlicher Herold sein.   1840

DAVID.

Sollt' ich nicht lieber Brautführer sein? –
Meister! lieb' Meister! Ihr müßt wieder frei'n!

SACHS.

Hättst wohl gern eine Meistrin im Haus?

DAVID.

Ich mein', es säh' doch viel stattlicher aus.

SACHS.

Wer weiß! Kommt Zeit, kommt Rat.

DAVID.

                    's ist Zeit!   1845

---

* *Sich besinnend.*

1831 Hans? ... Hans! ... Herr – Meister! 's ist heut E'ur Namenstag!
1839 mit Blumen und Bändern putz dich fein: 1842 Meister, ach!
Meister, Ihr müßt wieder frei'n.

SACHS.

Da wär' der Rat wohl auch nicht weit?

DAVID.

Gewiß! gehn Reden schon hin und wieder.
Den Beckmesser, denk' ich, sängt ihr doch nieder?
Ich mein', daß der heut sich nicht wichtig macht.

SACHS.

Wohl möglich! Hab's mir auch schon bedacht. –   1850
Jetzt geh; doch stör mir den Junker nicht!
Komm wieder, wenn du schön gericht'.

DAVID

*küßt ihm gerührt die Hand, packt alles zusammen, und
geht in die Kammer.*

So war er noch nie, wenn sonst auch gut!
Kann mir gar nicht mehr denken, wie der Knieriemen tut.

Ab.

SACHS

*immer noch den Folianten auf dem Schoße, lehnt sich, mit
untergestütztem Arme, sinnend darauf und beginnt dann
nach einem Schweigen:*

Wahn, Wahn!   1855
Überall Wahn!
Wohin ich forschend blick'
in Stadt- und Welt-Chronik,
den Grund mir aufzufinden,
warum gar bis aufs Blut   1860
die Leut sich quälen und schinden

1846 Dann wär' der Rat wohl auch nicht weit?   1847 Gewiß! Gehn
schon Reden hin und wieder;   1850 Wohl möglich; hab' mir's auch
schon bedacht. –   1851 Jetzt geh und stör mir den Junker nicht.
1852 Komm wieder, wann du schön gericht'!

in unnütz toller Wut!
       Hat keiner Lohn
       noch Dank davon:
       in Flucht geschlagen,   1865
       meint er zu jagen;
       hört nicht sein eigen
       Schmerz-Gekreisch,
wenn er sich wühlt ins eigne Fleisch,
       wähnt Lust sich zu erzeigen.   1870
       Wer gibt den Namen an?
       's bleibt halt der alte Wahn,
       ohn' den nichts mag geschehen,
       's mag gehen oder stehen:
       steht's wo im Lauf,   1875
er schläft nur neue Kraft sich an;
       gleich wacht er auf,
dann schaut wer ihn bemeistern kann! –

       Wie friedsam treuer Sitten,
       getrost in Tat und Werk,   1880
       liegt nicht in Deutschlands Mitten
       mein liebes Nürenberg!
       Doch eines Abends spat,
       ein Unglück zu verhüten
       bei jugendheißen Gemüten,   1885
       ein Mann weiß sich nicht Rat;
       ein Schuster in seinem Laden
       zieht an des Wahnes Faden:
wie bald auf Gassen und Straßen
       fängt der da an zu rasen;   1890
       Mann, Weib, Gesell und Kind,
       fällt sich an wie toll und blind:
       und will's der Wahn gesegnen,

1866 wähnt er zu jagen;   1872 's ist halt der alte Wahn,   1892 fällt
sich da an wie toll und blind;

                      nun muß es Prügel regnen,
                      mit Hieben, Stöß' und Dreschen   1895
                      den Wutesbrand zu löschen. –
                      Gott weiß, wie das geschah?
                      Ein Kobold half wohl da!
        Ein Glühwurm fand sein Weibchen nicht;
        der hat den Schaden angericht'. –   1900
        Der Flieder war's: – Johannisnacht. – –
        Nun aber kam Johannis-Tag: –
        jetzt schaun wir, wie Hans Sachs es macht,
        daß er den Wahn fein lenken mag,
                      ein edler Werk zu tun;   1905
                      denn läßt er uns nicht ruhn,
                      selbst hier in Nürenberg,
                      so sei's um solche Werk',
        die selten vor gemeinen Dingen,
        und nie ohn' ein'gen Wahn gelingen. –   1910

WALTHER *tritt unter der Kammertüre ein. Er bleibt einen*
Augenblick dort stehen, und blickt auf SACHS. *Dieser wen-*
det sich, und läßt den Folianten auf den Boden gleiten.

                        SACHS.

        Grüß Gott, mein Junker! Ruhtet Ihr noch?
        Ihr wachtet lang: nun schlieft Ihr doch?

                        WALTHER
                        sehr ruhig.

        Ein wenig, aber fest und gut.

                        SACHS.

        So ist Euch nun wohl baß zu Mut?

                        WALTHER.

        Ich hatt' einen wunderschönen Traum.   1915

1895 mit Hieben, Stoß' und Dreschen   1904 daß er den Wahn fein
lenken kann,   *nach* 1910 Zweite Szene

SACHS.

Das deutet Gut's! Erzählt mir den.

WALTHER.

Ihn selbst zu denken wag' ich kaum;
ich fürcht' ihn mir vergehn zu sehn.

SACHS.

Mein Freund, das grad ist Dichters Werk,
daß er sein Träumen deut' und merk'.   1920
Glaubt mir, des Menschen wahrster Wahn
wird ihm im Traume aufgetan:
all Dichtkunst und Poeterei
ist nichts als Wahrtraum-Deuterei.
Was gilt's, es gab der Traum Euch ein,   1925
wie heut Ihr sollet Sieger sein?

WALTHER.

Nein, von der Zunft und ihren Meistern
wollt' sich mein Traumbild nicht begeistern.

SACHS.

Doch lehrt' es wohl den Zauberspruch,
mit dem Ihr sie gewännet?   1930

WALTHER.

Wie wähnt Ihr doch, nach solchem Bruch,
wenn Ihr noch Hoffnung kennet!

SACHS.

Die Hoffnung lass' ich mir nicht mindern,
nichts stieß sie noch übern Haufen:
wär's nicht, glaubt, statt Eure Flucht zu hindern,   1935
wär' ich selbst mit Euch fortgelaufen!
Drum bitt' ich, laßt den Groll jetzt ruhn;

1926 wie heut Ihr sollet Meister sein?

Ihr habt's mit Ehrenmännern zu tun;
die irren sich und sind bequem,
daß man auf ihre Weise sie nähm'.   1940
Wer Preise erkennt, und Preise stellt,
der will am End' auch, daß man ihm gefällt.
Eu'r Lied, das hat ihnen bang gemacht;
und das mit Recht: denn wohl bedacht,
mit solchem Dicht- und Liebesfeuer   1945
verführt man wohl Töchter zum Abenteuer;
doch für liebseligen Ehestand
man andre Wort' und Weisen fand.

WALTHER

lächelnd.

Die kenn' ich nun auch, seit dieser Nacht:
es hat viel Lärm auf der Gasse gemacht.   1950

SACHS

lachend.

Ja, ja! Schon gut! Den Takt dazu
den hörtet Ihr auch! – Doch laßt dem Ruh;
und folgt meinem Rate, kurz und gut,
faßt zu einem Meisterliede Mut.

WALTHER.

Ein schönes Lied, ein Meisterlied: 1955
wie fass' ich da den Unterschied?

SACHS.

Mein Freund! in holder Jugendzeit,
        wenn uns von mächt'gen Trieben
        zum sel'gen ersten Lieben
die Brust sich schwellet hoch und weit,   1960
        ein schönes Lied zu singen

1952 hörtet Ihr auch! – Doch laßt dem Ruh

mocht' vielen da gelingen:
der Lenz, der sang für sie.
Kam Sommer, Herbst und Winterszeit,
viel Not und Sorg' im Leben, 1965
manch ehlich Glück daneben,
Kindtauf', Geschäfte, Zwist und Streit:
denen's dann noch will gelingen
ein schönes Lied zu singen,
seht, Meister nennt man die. – 1970

WALTHER.

Ich lieb' ein Weib und will es frei'n,
mein dauernd Ehgemahl zu sein.

SACHS.

Die Meisterregeln lernt beizeiten,
daß sie getreulich Euch geleiten,
und helfen wohl bewahren, 1975
was in der Jugend Jahren
in holdem Triebe
Lenz und Liebe
Euch unbewußt ins Herz gelegt,
daß Ihr das unverloren hegt. 1980

WALTHER.

Stehn sie nun in so hohem Ruf,
wer war es, der die Regeln schuf?

SACHS.

Das waren hoch bedürft'ge Meister,
von Lebensmüh' bedrängte Geister:
in ihrer Nöten Wildnis 1985
sie schufen sich ein Bildnis,
daß ihnen bliebe
der Jugendliebe

1977 mit holdem Triebe

ein Angedenken klar und fest,
dran sich der Lenz erkennen läßt.   1990

WALTHER.

Doch, wem der Lenz schon lang entronnen,
wie wird er dem aus dem Bild gewonnen?

SACHS.

Er frischt es an, so oft er kann:
drum möcht' ich, als bedürft'ger Mann,
        will ich Euch die Regeln lehren,   1995
        sollt Ihr sie mir neu erklären. –
Seht, hier ist Tinte, Feder, Papier:
ich schreib's Euch auf, diktiert Ihr mir!

WALTHER.

Wie ich's begänne, wüßt' ich kaum.

SACHS.

Erzählt mir Euren Morgentraum!   2000

WALTHER.

Durch Eurer Regeln gute Lehr',
ist mir's, als ob verwischt er wär'.

SACHS.

Grad nehmt die Dichtkunst jetzt zur Hand:
mancher durch sie das Verlorne fand.

WALTHER.

Dann wär's nicht Traum, doch Dichterei?   2005

SACHS.

'Sind Freunde beid', stehn gern sich bei.

1992 wie wird er dem im Bild gewonnen?   1993 Er frischt es an, so
gut er kann: 1995 will ich die Regeln Euch lehren,   2005 So wär's
nicht Traum, doch Dichterei?

WALTHER.

Wie fang' ich nach der Regel an?

SACHS.

Ihr stellt sie selbst, und folgt ihr dann.
Gedenkt des schönen Traums am Morgen;
fürs andre laßt Hans Sachs nur sorgen!   2010

WALTHER

setzt sich zu SACHS, *und beginnt, nach kurzer Sammlung,
sehr leise.*

»Morgenlich leuchtend in rosigem Schein,
            von Blüt' und Duft
            geschwellt die Luft,
            voll aller Wonnen
            nie ersonnen,   2015
      ein Garten lud mich ein
            Gast ihm zu sein.«
            Er hält etwas an.

SACHS.

Das war ein Stollen: nun achtet wohl,
daß ganz ein gleicher ihm folgen soll.

WALTHER.

Warum ganz gleich?

SACHS.

            Damit man seh',   2020
Ihr wähltet Euch gleich ein Weib zur Eh'.

WALTHER

fährt fort.

»Wonnig entragend dem seligen Raum
            bot goldner Frucht
            heilsaft'ge Wucht

          mit holdem Prangen   2025
          dem Verlangen
       an duft'ger Zweige Saum
          herrlich ein Baum.«
             Er hält inne.

                 SACHS.

    Ihr schlosset nicht im gleichen Ton:
          das macht den Meistern Pein;   2030
    doch nimmt Hans Sachs die Lehr' davon,
          im Lenz wohl müss' es so sein. –
    Nun stellt mir einen Abgesang.

                WALTHER.

    Was soll nun der?

                 SACHS.

             Ob Euch gelang
          ein rechtes Paar zu finden,   2035
          das zeigt sich jetzt an den Kinden.
    Den Stollen ähnlich, doch nicht gleich,
       an eignen Reim' und Tönen reich;
    daß man es recht schlank und selbstig find',
       das freut die Eltern an dem Kind: 2040
    und Euren Stollen gibt's den Schluß,
       daß nichts davon abfallen muß.

                WALTHER
               fortfahrend.

          »Sei euch vertraut
       welch hehres Wunder mir geschehn:
    an meiner Seite stand ein Weib,   2045
    so schön und hold ich nie gesehn;
          gleich einer Braut

2036 das zeigt sich an den Kinden;   2039 daß man's recht schlank
und selbstig find',   2046 so hold und schön ich nie gesehn:

umfaßte sie sanft meinen Leib;
    mit Augen winkend,
      die Hand wies blinkend, 2050
was ich verlangend begehrt,
die Frucht so hold und wert
    vom Lebensbaum.«

SACHS

seine Rührung verbergend.

Das nenn' ich mir einen Abgesang:
seht, wie der ganze Bar gelang! 2055
    Nur mit der Melodei
    seid Ihr ein wenig frei;
doch sag' ich nicht, daß es ein Fehler sei;
    nur ist's nicht leicht zu behalten,
    und das ärgert unsre Alten! – 2060
Jetzt richtet mir noch einen zweiten Bar,
damit man merk' welch der erste war.
Auch weiß ich noch nicht, so gut Ihr's gereimt,
was Ihr gedichtet, was Ihr geträumt.

WALTHER

wie vorher.

»Abendlich glühend in himmlischer Pracht 2065
    verschied der Tag,
    wie dort ich lag;
    aus ihren Augen
    Wonne saugen,
    Verlangen einz'ger Macht 2070
    in mir nur wacht'. –
Nächtlich umdämmert der Blick sich mir bricht;
    wie weit so nah
    beschienen da

2058 doch sag' ich nicht, daß das ein Fehler sei;   2072 Nächtlich umdämmert der Blick mir sich bricht:

zwei lichte Sterne   2075
aus der Ferne
durch schlanker Zweige Licht
hehr mein Gesicht. –
Lieblich ein Quell
auf stiller Höhe dort mir rauscht;   2080
jetzt schwellt er an sein hold Getön'
so süß und stark ich's nie erlauscht:
leuchtend und hell
wie strahlten die Sterne da schön:
zum Tanz und Reigen   2085
in Laub und Zweigen
der goldnen sammeln sich mehr,
statt Frucht ein Sternenheer
im Lorbeerbaum.« –

SACHS

sehr gerührt, sanft.

Freund, Eu'r Traumbild wies Euch wahr;   2090
gelungen ist auch der zweite Bar.
Wolltet Ihr noch einen dritten dichten,
des Traumes Deutung würd' er berichten.

WALTHER.

Wie fänd' ich die? Genug der Wort'!

SACHS

aufstehend.

Dann Wort und Tat am rechten Ort! –   2095
Drum bitt' ich, merkt mir gut die Weise;
gar lieblich drin sich's dichten läßt:

2082 so stark und süß ich's nie erlauscht: 2085 Zu Tanz und Reigen   2090 Freund, – Euer Traumbild wies Euch wahr: 2094 Wo
fänd' ich die? – Genug der Wort'!   2095 Dann Tat und Wort am
rechten Ort! –   2096 Drum bitt' ich, merkt mir wohl die Weise:

und singt Ihr sie in weitrem Kreise,
dann haltet mir auch das Traumbild fest.

WALTHER.

Was habt Ihr vor?

SACHS.

Eu'r treuer Knecht   2100
fand sich mit Sack und Tasch' zurecht;
die Kleider, drin am Hochzeitfest
daheim bei Euch Ihr wolltet prangen,
die ließ er her zu mir gelangen; –
ein Täubchen zeigt' ihm wohl das Nest,   2105
    darin sein Junker träumt':
drum folgt mir jetzt ins Kämmerlein!
    Mit Kleiden, wohlgesäumt,
sollen beide wir gezieret sein,
wann's Stattliches zu wagen gilt: 2110
drum kommt seid Ihr gleich mir gewillt!

Er öffnet WALTHER *die Tür, und geht mit ihm hinein.*

BECKMESSER*

*lugt zum Laden herein; da er die Werkstatt leer findet, tritt
er näher. Er ist reich aufgeputzt, aber in sehr leidendem Zustande. Er hinkt, streicht und reckt sich; zuckt wieder zusammen; er sucht einen Schemel, setzt sich; springt aber sogleich wieder auf, und streicht sich die Glieder von neuem.
Verzweiflungsvoll sinnend geht er dann umher. Dann bleibt
er stehen, lugt durch das Fenster nach dem Hause hinüber;
macht Gebärden der Wut; schlägt sich wieder vor den Kopf.
– Endlich fällt sein Blick auf das von Sachs zuvor beschriebene Papier auf dem Werktische: er nimmt es neugierig auf,*

2099 so haltet mir auch das Traumbild fest.   2103 daheim Ihr wolltet prangen,   2110 wenn's Stattliches zu wagen gilt.
* [*davor:*] Dritte Szene

überfliegt es mit immer größerer Aufregung, und bricht
endlich wütend aus:*

Ein Werbelied! Von Sachs? – ist's wahr?
Ah! – Nun wird mir alles klar!

Da er die Kammertüre gehen hört, fährt er zusammen, und
versteckt das Blatt eilig in seiner Tasche.

SACHS

im Festgewande, tritt ein, und hält an.

Sieh da! Herr Schreiber? Auch am Morgen?
Euch machen die Schuh doch nicht mehr Sorgen?   2115
Laßt sehen! mich dünkt, sie sitzen gut?

BECKMESSER.

Den Teufel! So dünn war ich noch nie beschuht:
fühl' durch die Sohle den feinsten Kies!

SACHS.

Mein Merkersprüchlein wirkte dies:
trieb sie mit Merkerzeichen so weich.   2120

BECKMESSER.

Schon gut der Witz'! Und genug der Streich'!
Glaubt mir, Freund Sachs, jetzt kenn' ich Euch;
    der Spaß von dieser Nacht,
    der wird Euch noch gedacht:
daß ich Euch nur nicht im Wege sei,   2125
schuft Ihr gar Aufruhr und Meuterei!

SACHS.

's war Polterabend, laßt Euch bedeuten:
Eure Hochzeit spukte unter den Leuten;

---

* [*Vgl. die Fassung der Partitur im Anhang.*]

2112 Ein Werbelied! – Von Sachs! – Ist's wahr? –   2113 Ha! Jetzt
wird mir alles klar! –   [2116 *nicht vertont*]   2117 Zum Teufel! So
dünn war ich noch nie beschuht;   2118 fühl' durch die Sohl' den
kleinsten Kies!

je toller es da hergeh',
je besser bekommt's der Eh'.   2130

BECKMESSER
ausbrechend.

O Schuster voll von Ränken
und pöbelhaften Schwänken,
du warst mein Feind von je:
nun hör ob hell ich seh'!
Die ich mir auserkoren,   2135
die ganz für mich geboren,
zu aller Witwer Schmach,
der Jungfer stellst du nach.
Daß sich Herr Sachs erwerbe
des Goldschmieds reiches Erbe,   2140
im Meister-Rat zur Hand
auf Klauseln er bestand,
ein Mägdlein zu betören,
das nur auf ihn sollt' hören,
und, andren abgewandt,   2145
zu ihm allein sich fand.
     Darum! darum –
     wär' ich so dumm? –
mit Schreien und mit Klopfen
wollt' er mein Lied zustopfen,   2150
daß nicht dem Kind werd' kund
wie auch ein andrer bestund!
     Ja ja! – Ha ha!
     Hab' ich dich da?
Aus seiner Schuster-Stuben   2155
hetzt' endlich er den Buben
mit Knüppeln auf mich her,
daß meiner los er wär':
     Au au! Au au!
     Wohl grün und blau,   2160
zum Spott der allerliebsten Frau,

    zerschlagen und zerprügelt,
    daß kein Schneider mich aufbügelt!
      Gar auf mein Leben
      war's angegeben!   2165
    Doch kam ich noch so davon,
    daß ich die Tat Euch lohn':
    zieht heut nur aus zum Singen,
    merkt auf, wie's mag gelingen;
      bin ich gezwackt   2170
      auch und zerhackt,
Euch bring' ich doch sicher aus dem Takt!

       SACHS.

Gut Freund, Ihr seid in argem Wahn!
Glaubt was Ihr wollt daß ich's getan,
gebt Eure Eifersucht nur hin;   2175
zu werben kommt mir nicht in Sinn.

     BECKMESSER.

Lug und Trug! Ich weiß es besser.

      SACHS.

Was fällt Euch nur ein, Meister Beckmesser?
Was ich sonst im Sinn, geht Euch nichts an:
doch glaubt, ob der Werbung seid Ihr im Wahn. 2180

     BECKMESSER.

Ihr sängt heut nicht?

      SACHS.
     Nicht zur Wette.

     BECKMESSER.

Kein Werbelied?

2174 glaubt, was Ihr wollt, daß ich getan; 2177 Lug und Trug! Ich
kenn' es besser. 2179 Was ich sonst im Sinn, geht Euch nicht an;

SACHS.

Gewißlich, nein!

BECKMESSER.

Wenn ich aber drob ein Zeugnis hätte?

SACHS

blickt auf den Werktisch.

Das Gedicht? Hier ließ ich's: – stecktet Ihr's ein?

BECKMESSER

zieht das Blatt hervor.

Ist das Eure Hand?

SACHS.

Ja, – war es das?   2185

BECKMESSER.

Ganz frisch noch die Schrift?

SACHS.

Und die Tinte noch naß!

BECKMESSER.

's wär' wohl gar ein biblisches Lied?

SACHS.

Der fehlte wohl, wer darauf riet.

BECKMESSER.

Nun denn?

SACHS.

Wie doch?

BECKMESSER.

Ihr fragt?

SACHS.

Was noch?

BECKMESSER.

Daß Ihr mit aller Biederkeit   2190
der ärgste aller Spitzbuben seid!

SACHS.

Mag sein! Doch hab’ ich noch nie entwandt,
was ich auf fremden Tischen fand: –
und daß man von Euch auch nicht Übles denkt,
behaltet das Blatt, es sei Euch geschenkt.   2195

BECKMESSER

in freudigem Schreck aufspringend.

Herr Gott! .. Ein Gedicht! .. Ein Gedicht von Sachs? ..
Doch halt, daß kein neuer Schad’ mir erwachs’! –
Ihr habt’s wohl schon recht gut memoriert?

SACHS.

Seid meinethalb doch nur unbeirrt!

BECKMESSER.

Ihr laßt mir das Blatt?

SACHS.

                    Damit Ihr kein Dieb.   2200

BECKMESSER.

Und mach’ ich Gebrauch?

SACHS.

                    Wie’s Euch belieb’.

BECKMESSER.

Doch, sing’ ich das Lied?

SACHS.

                    Wenn’s nicht zu schwer.

BECKMESSER.

Und wenn ich gefiel’?

SACHS.

Das wunderte mich sehr!

BECKMESSER

ganz zutraulich.

Da seid Ihr nun wieder zu bescheiden:
ein Lied von Sachs, das will was bedeuten!   2205
          Und seht, wie mir's ergeht,
          wie's mit mir Ärmsten steht!
          Erseh' ich doch mit Schmerzen,
          mein Lied, das nachts ich sang, –
          Dank Euren lust'gen Scherzen! –   2210
          es machte der Pognerin bang.
          Wie schaff' ich nun zur Stelle
          ein neues Lied herzu?
          Ich armer, zerschlagner Geselle,
          wie fänd' ich heut dazu Ruh?   2215
          Werbung und ehlich Leben,
          ob das mir Gott beschied,
          muß ich nur grad aufgeben,
          hab' ich kein neues Lied.
Ein Lied von Euch, des' bin ich gewiß,   2220
mit dem besieg' ich jed' Hindernis:
          soll ich das heute haben,
          vergessen und begraben
          sei Zwist, Hader und Streit,
          und was uns je entzweit.   2225
*Er blickt seitwärts in das Blatt: plötzlich runzelt sich seine
Stirn.*

Und doch! Wenn's nur eine Falle wär'! –
          Noch gestern wart Ihr mein Feind:

2206 Und seht nur, wie mir's ergeht,   2209 das Lied, das nachts ich
sang, –   2212 Wie schaff' ich mir nun zur Stelle   2218 muß ich
nun grad aufgeben,   2223 vergessen, begraben

wie käm's, daß nach so großer Beschwer'
　　Ihr's freundlich heut mit mir meint'? –

SACHS.

Ich machte Euch Schuh in später Nacht:　　　　　2230
hat man so je einen Feind bedacht?

BECKMESSER.

Ja ja! recht gut! – doch eines schwört:
wo und wie Ihr das Lied auch hört,
daß nie Ihr Euch beikommen laßt,
zu sagen, es sei von Euch verfaßt.　　　　　　2235

SACHS.

Das schwör' ich und gelob' Euch hier,
nie mich zu rühmen, das Lied sei von mir.

BECKMESSER

sehr glücklich.

Was will ich mehr, ich bin geborgen!
Jetzt hat sich Beckmesser nicht mehr zu sorgen!
　　　Er reibt sich froh die Hände.

SACHS.

Doch, Freund, ich führ's Euch zu Gemüte,　　　2240
und rate Euch in aller Güte:
　　studiert mir recht das Lied!
　　Sein Vortrag ist nicht leicht:
　　ob Euch die Weise geriet',
　　und Ihr den Ton erreicht!　　　　　　　　2245

2230 Ich macht' Euch Schuh in später Nacht:　　2231 hat man je so
einen Feind bedacht?　　2235 zu sagen, das Lied sei von Euch verfaßt.　　2236 Das schwör' ich und gelob' es Euch:　　2239 jetzt
braucht sich Beckmesser nicht mehr zu sorgen.　　2241 und rat' es
Euch in aller Güte:

BECKMESSER.

Freund Sachs, Ihr seid ein guter Poet;
doch was Ton und Weise betrifft, gesteht,
 da tut's mir keiner vor!
  Drum spitzt nur fein das Ohr,
   und: Beckmesser,   2250
   keiner besser!
 Darauf macht Euch gefaßt,
wenn Ihr ruhig mich singen laßt. –
   Doch nun memorieren,
   schnell nach Haus!   2255
   Ohne Zeit verlieren
   richt' ich das aus. –
   Hans Sachs, mein Teurer!
   ich hab' Euch verkannt;
   durch den Abenteurer   2260
   war ich verrannt:
 so einer fehlte uns bloß!
Den wurden wir Meister doch los! –
   Doch mein Besinnen
   läuft mir von hinnen: 2265
   bin ich verwirrt,
   und ganz verirrt?
   Die Silben, die Reime,
   die Worte, die Verse:
   ich kleb' wie an Leime,   2270
   und brennt doch die Ferse.
   Ade! ich muß fort!
   An andrem Ort
   dank' ich Euch inniglich,
   weil Ihr so minniglich;   2275
   für Euch nun stimme ich,
   kauf' Eure Werke gleich,

2253 wenn Ihr mich ruhig singen laßt. –   2256 ohne Zeit zu verlieren,   2270 Ich kleb' wie am Leime,

mache zum Merker Euch:
doch fein mit Kreide weich,
nicht mit dem Hammerstreich!   2280
Merker! Merker! Merker Hans Sachs!
Daß Nürnberg schusterlich blüh' und wachs'!
*Er hinkt, poltert und taumelt wie besessen fort.**

SACHS.

So ganz boshaft doch keinen ich fand,
er hält's auf die Länge nicht aus:
vergeudet mancher oft viel Verstand,   2285
doch hält er auch damit Haus:
die schwache Stunde kommt für jeden;
da wird er dumm, und läßt mit sich reden. –
Daß hier Herr Beckmesser ward zum Dieb,
ist mir für meinen Plan sehr lieb. –   2290

Er sieht durch das Fenster EVA *kommen.*

Sieh, Evchen! Dacht' ich doch wo sie blieb'!

EVA

*reich geschmückt, und in glänzender weißer Kleidung, tritt
zum Laden herein.*

SACHS.

Grüß Gott mein Evchen! Ei, wie herrlich,
wie stolz du's heute meinst!

---

* *(Beckmesser nimmt tanzend von Sachs Abschied, taumelt und*
  poltert der Ladentüre zu; plötzlich glaubt er, das Gedicht in seiner
  Tasche vergessen zu haben, läuft wieder vor, sucht ängstlich auf
  dem Werktische, bis er es in der eigenen Hand gewahr wird: dar-
  über scherzhaft erfreut, umarmt er Sachs nochmals, voll feurigen
  Dankes, und stürzt dann, hinkend und strauchelnd, geräuschvoll
  durch die Ladentür ab.)

2290 ist mir für meinen Plan gar lieb.   vor 2292 Vierte Szene
2293 und stolz du's heute meinst!

Du machst wohl Jung und Alt begehrlich,
    wenn du so schön erscheinst.   2295

EVA.

Meister! 's ist nicht so gefährlich:
    und ist's dem Schneider geglückt,
wer sieht dann an wo's mir beschwerlich,
    wo still der Schuh mich drückt?

SACHS.

Der böse Schuh! 's war deine Laun',   2300
daß du ihn gestern nicht probiert.

EVA.

Merk' wohl, ich hatt' zu viel Vertraun:
im Meister hab' ich mich geirrt.

SACHS.

Ei, 's tut mir leid! Zeig her, mein Kind,
daß ich dir helfe, gleich geschwind.   2305

EVA.

Sobald ich stehe, will es gehn:
doch will ich gehn, zwingt's mich zu stehn.

SACHS.

Hier auf den Schemel streck den Fuß:
der üblen Not ich wehren muß.
Sie streckt den Fuß auf den Schemel beim Werktisch.
Was ist's mit dem?

EVA.

    Ihr seht, zu weit!   2310

2294 Du machst wohl alt und jung begehrlich,   2298 wer sieht
dann, wo's mir beschwerlich,   2303 im Meister hatt' ich mich
geirrt.   2307 doch, will ich gehn, zwingt mich's zu stehn.
2310 SACHS. Was ist mit dem?

SACHS.

Kind, das ist pure Eitelkeit:
der Schuh ist knapp.

EVA.

Das sag' ich ja:
drum drückt er mir die Zehen da.

SACHS.

Hier links?

EVA.

Nein, rechts.

SACHS.

Wohl mehr am Spann?

EVA.

Mehr hier am Hacken.

SACHS.

Kommt der auch dran?   2315

EVA.

Ach Meister! Wüßtet Ihr besser als ich,
wo der Schuh mich drückt?

SACHS.

Ei, 's wundert mich,
daß er zu weit, und doch drückt überall?

WALTHER, *in glänzender Rittertracht, tritt unter die Türe
der Kammer, und bleibt beim Anblick* EVAS *wie festgebannt
stehen.* EVA *stößt einen leisen Schrei aus und bleibt ebenfalls
unverwandt in ihrer Stellung, mit dem Fuße auf dem Schemel.* SACHS, *der vor ihr sich gebückt hat, ist mit dem Rük-
ken der Türe zugekehrt.*

2312 EVA. Das sagt' ich ja: 2313 drum drückt er mich an den Zehen da.   2315 EVA. Hier mehr am Hacken.

Aha! hier sitzt's! Nun begreif' ich den Fall!
Kind, du hast recht: 'stack in der Naht: –   2320
nun warte, dem Übel schaff' ich Rat.
Bleib nur so stehn; ich nehm' dir den Schuh
eine Weil' auf den Leisten: dann läßt er dir Ruh.

Er hat ihr sanft den Schuh vom Fuße gezogen; während sie
in ihrer Stellung verbleibt, macht er sich mit dem Schuh zu
schaffen, und tut als beachte er nichts andres.

SACHS
bei der Arbeit.

Immer Schustern! Das ist nun mein Los;
des Nachts, des Tags – komm' nicht davon los! –   2325
Kind, hör zu! Ich hab's überdacht,
was meinem Schustern ein Ende macht:
am besten, ich werbe doch noch um dich;
da gewänn' ich doch was als Poet für mich! –
Du hörst nicht drauf? – So sprich doch jetzt!   2330
Hast mir's ja selbst in den Kopf gesetzt? –
Schon gut! – ich merk'! – Mach deinen Schuh! ...
Säng' mir nur wenigstens einer dazu!
Hörte heut gar ein schönes Lied: –
wem dazu ein dritter Vers geriet'!   2335

WALTHER
immer EVA *gegenüber in der vorigen Stellung.*

»Weilten die Sterne im lieblichen Tanz?
          So licht und klar
          im Lockenhaar,
          vor allen Frauen
          hehr zu schauen,   2340
     lag ihr mit zartem Glanz
     ein Sternenkranz. –

2326 Kind, hör zu: ich hab' mir's überdacht,   2335 wem dazu wohl
ein dritter Vers geriet'? –

Wunder ob Wunder nun bieten sich dar:
          zwiefachen Tag
          ich grüßen mag;   2345
          denn gleich zwei'n Sonnen
          reinster Wonnen,
     der hehrsten Augen Paar
     nahm ich nun wahr. –
     Huldreichstes Bild,   2350
dem ich zu nahen mich erkühnt:
den Kranz, vor zweier Sonnen Strahl
zugleich verblichen und ergrünt,
          minnig und mild,
     sie flocht ihn ums Haupt dem Gemahl.   2355
          Dort Huld-geboren,
          nun Ruhm-erkoren,
          gießt paradiesische Lust
     sie in des Dichters Brust –
          im Liebestraum.« –   2360

SACHS

hat, immer mit seiner Arbeit beschäftigt, den Schuh zurück-
gebracht, und ist jetzt während der Schlußverse von Wal-
thers Gesang darüber her, ihn EVA *wieder anzuziehen.*

Lausch, Kind! das ist ein Meisterlied:
derlei hörst du jetzt bei mir singen.
Nun schau, ob dabei mein Schuh geriet?
     Mein' endlich doch
     es tät' mir gelingen?   2365
Versuch's! tritt auf! – Sag, drückt er dich noch?

2349 nahm ich da wahr.   2352 Den Kranz, von zweier Sonnen
Strahl   2353 zugleich geblichen und ergrünt,   2355 sie flocht ihn
um das Haupt dem Gemahl: 2361 *nach* 2342   2362 *nach* 2349
2363 Nun schau, ob dazu mein Schuh geriet?   2363–2366 *Ensem-*
ble mit 2356–2360

EVA, *die wie bezaubert, bewegungslos gestanden, gesehen*
und gehört hat, bricht jetzt in heftiges Weinen aus, sinkt
SACHS *an die Brust und drückt ihn schluchzend an sich. –*
WALTHER *ist zu ihnen getreten, und drückt* SACHS *begeistert*
die Hand. – SACHS *tut sich endlich Gewalt an, reißt sich wie*
unmutig los, und läßt dadurch EVA *unwillkürlich an* WAL-
THERS *Schulter sich anlehnen.*

SACHS.

Hat man mit dem Schuhwerk nicht seine Not!
Wär' ich nicht noch Poet dazu,
ich machte länger keine Schuh!
Das ist eine Müh' und Aufgebot!   2370
Zu weit dem einen, dem andern zu eng;
von allen Seiten Lauf und Gedräng':
          da klappt's,
          da schlappt's,
          hier drückt's,   2375
          da zwickt's!
Der Schuster soll auch alles wissen,
flicken was nur immer zerrissen;
und ist er nun Poet dazu,
läßt man am End' ihm auch da kein' Ruh: 2380
doch ist er erst noch Witwer gar,
zum Narren macht man ihn fürwahr;
die jüngsten Mädchen, ist Not am Mann,
begehren, er hielte um sie an;
versteht er sie, versteht er sie nicht,   2385
all eins ob ja, ob nein er spricht:
am Ende riecht er doch nach Pech,
und gilt für dumm, tückisch und frech!

2370 Das ist eine Müh', ein Aufgebot!   2379 und ist er gar Poet
dazu,   2380 da läßt man am End' ihm auch da keine Ruh
2381 und ist er erst noch Witwer gar,   2382 zum Narren hält man
ihn fürwahr: –   2387 am End' riecht er doch nach Pech

Ei, 's ist mir nur um den Lehrbuben leid;
    der verliert mir allen Respekt;   2390
die Lene macht ihn schon nicht recht gescheit,
    daß in Töpf' und Tellern er leckt!
Wo Teufel er jetzt wieder steckt?

    Er stellt sich, als wolle er nach DAVID *sehen.*

EVA

hält SACHS, *und zieht ihn von neuem zu sich.*

O Sachs! Mein Freund! Du teurer Mann!
Wie ich dir Edlem lohnen kann!   2395
    Was ohne deine Liebe,
    was wär' ich ohne dich,
    ob je auch Kind ich bliebe,
    erwecktest du nicht mich?
        Durch dich gewann ich   2400
        was man preist,
        durch dich ersann ich
        was ein Geist!
        Durch dich erwacht,
        durch dich nur dacht'   2405
    ich edel, frei und kühn:
    du ließest mich erblühn! –
O lieber Meister, schilt mich nur!
Ich war doch auf der rechten Spur:
    denn, hatte ich die Wahl,   2410
    nur dich erwählt' ich mir:
    du warest mein Gemahl,
    den Preis nur reicht' ich dir! –
    Doch nun hat's mich gewählt
    zu nie gekannter Qual: 2415

2392 daß aus Töpf' und Tellern er leckt.   2393 Wo Teufel er jetzt
nur wieder steckt! –   2399 erwecktest du mich nicht?   2408 Ja, lieber Meister, schilt mich nur;   2413 den Preis reicht' ich nur dir. –

und werd' ich heut vermählt,
so war's ohn' alle Wahl!
Das war ein Müssen, war ein Zwang!
Dir selbst, mein Meister, wurde bang.

SACHS.

    Mein Kind: 2420
von Tristan und Isolde
kenn' ich ein traurig Stück:
Hans Sachs war klug, und wollte
nichts von Herrn Markes Glück. –
's war Zeit, daß ich den Rechten erkannt: 2425
wär' sonst am End' doch hineingerannt! –
Aha! da streicht schon die Lene ums Haus.
Nur herein! – He, David! Kommst nicht heraus?

MAGDALENE, *in festlichem Staate, tritt durch die Ladentüre
herein; aus der Kammer kommt zugleich* DAVID, *ebenfalls
im Festkleid, mit Blumen und Bändern sehr reich und zier-
lich ausgeputzt.*

Die Zeugen sind da, Gevatter zur Hand;
jetzt schnell zur Taufe; nehmt euren Stand! 2430

    Alle blicken ihn verwundert an.

    Ein Kind ward hier geboren;
jetzt sei ihm ein Nam' erkoren.
So ist's nach Meister-Weis' und Art,
wenn eine Meisterweise geschaffen ward:
daß die einen guten Namen trag', 2435
dran jeder sie erkennen mag. –
    Vernehmt, respektable Gesellschaft,
    was euch hieher zur Stell' schafft!
Eine Meisterweise ist gelungen,

2419 Euch selbst, mein Meister, wurde bang.   2425 's war Zeit, daß
ich den Rechten fand,   2427 Aha! Da streicht die Lene schon ums
Haus: 2438 was euch hier zur Stell' schafft. –

von Junker Walther gedichtet und gesungen;   2440
der jungen Weise lebender Vater
lud mich und die Pognerin zu Gevatter:
weil wir die Weise wohl vernommen,
sind wir zur Taufe hierher gekommen.
Auch daß wir zur Handlung Zeugen haben,   2445
ruf' ich Jungfer Lene, und meinen Knaben:
doch da's zum Zeugen kein Lehrbube tut,
und heut auch den Spruch er gesungen gut,
so mach' ich den Burschen gleich zum Gesell!
knie nieder, David, und nimm diese Schell'!   2450

DAVID *ist niedergekniet:* SACHS *gibt ihm eine starke Ohrfeige.*

Steh auf, Gesell, und denk an den Streich;
du merkst dir dabei die Taufe zugleich.
Fehlt sonst noch was, uns keiner drum schilt:
wer weiß, ob's nicht gar einer Nottaufe gilt.
Daß die Weise Kraft behalte zum Leben,   2455
will ich nur gleich den Namen ihr geben: –
»die selige Morgentraumdeut-Weise«
sei sie genannt zu des Meisters Preise. –
Nun wachse sie groß, ohn' Schad' und Bruch:
die jüngste Gevatterin spricht den Spruch.   2460

EVA.

Selig, wie die Sonne
meines Glückes lacht,
Morgen voller Wonne,
selig mir erwacht!
Traum der höchsten Hulden,   2465
himmlisch Morgenglühn!
Deutung euch zu schulden,

2453 Fehlt sonst noch was, uns keiner schilt;   2457 Die »selige
Morgentraum-Deutweise«   *nach* 2460 (*Er tritt aus der Mitte des
Halbkreises, der von den übrigen um ihn gebildet worden war, auf die
Seite, so daß nun Eva in der Mitte zu stehen kommt.*)

selig süß Bemühn!
Einer Weise mild und hehr,
    sollt' es hold gelingen,   2470
meines Herzens süß Beschwer
    deutend zu bezwingen.
Ob es nur ein Morgentraum?
Selig deut' ich mir es kaum.
    Doch die Weise,   2475
    was sie leise
    dir vertraut
    im stillen Raum,
    hell und laut,
in der Meister vollem Kreis,   2480
deute sie den höchsten Preis!

WALTHER.

Deine Liebe, rein und hehr,
    ließ es mir gelingen,
meines Herzens süß Beschwer
    deutend zu bezwingen.   2485
Ob es noch der Morgentraum?
Selig deut' ich mir es kaum.
    Doch die Weise,
    was sie leise
    dir vertraut   2490
    im stillen Raum,
    hell und laut,
in der Meister vollem Kreis,
werbe sie um höchsten Preis!

SACHS.

Vor dem Kinde lieblich hehr,   2495
    mocht' ich gern wohl singen;

[2478 *nicht vertont*]   2481 deute sie auf den höchsten Preis.
2482 Deine Liebe   2483 ließ mir es gelingen,   2494 werbe sie um
den höchsten Preis.   2495 Vor dem Kinde, lieblich hold,

doch des Herzens süß Beschwer
    galt es zu bezwingen.
's war ein schöner Abendtraum:
dran zu deuten wag' ich kaum.   2500
        Diese Weise,
        was sie leise
        mir vertraut
        im stillen Raum,
        sagt mir laut: 2505
auch der Jugend ew'ges Reis
grünt nur durch des Dichters Preis.

DAVID.

Wach' oder träum' ich schon so früh?
Das zu erklären macht mir Müh',
's ist wohl nur ein Morgentraum: 2510
was ich seh', begreif' ich kaum!
        Ward zur Stelle
        gleich Geselle?
        Lene Braut?
        Im Kirchenraum   2515
        wir getraut?
's geht der Kopf mir, wie im Kreis,
daß ich bald gar Meister heiß'!

MAGDALENE.

Wach' oder träum' ich schon so früh?
Das zu erklären macht mir Müh',   2520
's ist wohl nur ein Morgentraum?
Was ich seh', begreif' ich kaum!
        Er zur Stelle
        gleich Geselle?
        Ich die Braut?   2525

2499 's war ein schöner Morgentraum;   2503 mir anvertraut,
2516 wir gar getraut?   2518 [*beim 1. Mal:*] daß ich Meister bald
heiß'!

Im Kirchenraum
wir getraut?
Ja, wahrhaftig! 's geht: wer weiß?
Bald ich wohl Frau Meistrin heiß'!

*Das Orchester geht sehr leise in eine marschmäßige, heitere
Weise über. –* SACHS *ordnet den Aufbruch an.*

SACHS.

Jetzt all am Fleck! Den Vater grüß! 2530
Auf, nach der Wies' schnell auf die Füß'!

EVA *trennt sich von* SACHS *und* WALTHER, *und verläßt mit*
MAGDALENE *die Werkstatt.*

Nun, Junker! Kommt! Habt frohen Mut! –
David, Gesell! Schließ den Laden gut!

Als SACHS *und* WALTHER *ebenfalls auf die Straße gehen, und*
DAVID *sich über das Schließen der Ladentüre hermacht,
wird im Proszenium ein Vorhang von beiden Seiten zusam-
mengezogen, so daß er die Szene gänzlich schließt. – Als die
Musik allmählich zu größerer Stärke angewachsen ist, wird
der Vorhang nach der Höhe zu aufgezogen. Die Bühne ist
verwandelt.*

Verwandlung*

*Die Szene stellt einen freien Wiesenplan dar, im ferneren
Hintergrunde die Stadt Nürnberg. Die Pegnitz schlängelt
sich durch den Plan: der schmale Fluß ist an den nächsten
Punkten praktikabel gehalten. Buntbeflaggte Kähne setzen
unablässig die ankommenden, festlich geschmückten* BÜR-
GER *der Zünfte, mit* FRAUEN *und Kindern, an das Ufer der*

2527 *wie* 2516   2528 Ja! Wahrhaftig, 's geht! Wer weiß,
2529 [*beim 1. Mal:*] daß ich Meistrin bald heiß'?

* Fünfte Szene

*Festwiese über. Eine erhöhete Bühne, mit Bänken darauf,
ist rechts zur Seite aufgeschlagen; bereits ist sie mit den Fahnen der angekommenen Zünfte ausgeschmückt; im Verlaufe
stecken die Fahnenträger der noch ankommenden Zünfte
ihre Fahnen ebenfalls um die Sängerbühne auf, so daß diese
schließlich nach drei Seiten hin ganz davon eingefaßt ist. –
Zelte mit Getränken und Erfrischungen aller Art begrenzen
im übrigen die Seiten des vorderen Hauptraumes.*
Vor den Zelten geht es bereits lustig her: BÜRGER *mit*
FRAUEN *und* KINDERN *sitzen und lagern daselbst. – Die*
LEHRBUBEN *der Meistersinger, festlich gekleidet, mit Blumen und Bändern reich und anmutig geschmückt, üben mit
schlanken Stäben, die ebenfalls mit Blumen und Bändern
geziert sind, in lustiger Weise das Amt von Herolden und
Marschällen aus. Sie empfangen die am Ufer Aussteigenden,
ordnen die Züge der Zünfte, und geleiten diese nach der
Singerbühne, von wo aus, nachdem der Bannerträger die
Fahne aufgepflanzt, die Zunftbürger und Gesellen nach Belieben sich unter den Zelten zerstreuen.*
*Unter den noch anlangenden Zünften werden die folgenden
besonders bemerkt.*

DIE SCHUSTER
indem sie aufziehen.

Sankt Crispin,
lobet ihn!   2535
War gar ein heilig Mann,
zeigt' was ein Schuster kann.
Die Armen hatten gute Zeit,
macht' ihnen warme Schuh;
und wenn ihm keiner Leder leiht',   2540
so stahl er sich's dazu.
Der Schuster hat ein weit Gewissen,

2540 und wenn ihm keiner's Leder leiht',

macht Schuhe selbst mit Hindernissen;
und ist vom Gerber das Fell erst weg,
    dann streck! streck! streck!   2545
Leder taugt nur am rechten Fleck.

DIE STADTPFEIFER, LAUTEN- UND
KINDERINSTRUMENTMACHER

ziehen, auf ihren Instrumenten spielend, auf. Ihnen folgen

DIE SCHNEIDER.

Als Nürenberg belagert war,
    und Hungersnot sich fand,
wär' Stadt und Volk verdorben gar,
    war nicht ein Schneider zur Hand,   2550
    der viel Mut hat und Verstand:
hat sich in ein Bockfell eingenäht,
auf dem Stadtwall da spazieren geht,
    und macht wohl seine Sprünge
    gar lustig guter Dinge.   2555
Der Feind, der sieht's und zieht vom Fleck:
der Teufel hol' die Stadt sich weg,
hat's drin noch so lustige Meck-meck-meck!
    Meck! Meck! Meck!   2559
Wer glaubt's, daß ein Schneider im Bocke steck'!

DIE BÄCKER

*ziehen dicht hinter den Schneidern auf, so daß ihr Lied in
das der Schneider hineinklingt.*

Hungersnot! Hungersnot!
    Das ist ein greulich Leiden!
Gäb' euch der Bäcker kein täglich Brot,
    müßt' alle Welt verscheiden.
    Beck! Beck! Beck!   2565

2549 wär' Stadt und Land verdorben gar, 2551 der viel Mut hatt'
und Verstand. 2563 gäb' euch der Bäcker nicht täglich Brot,
2565 Bäck! Bäck! Bäck!

Täglich auf dem Fleck!
Nimm uns den Hunger weg!

LEHRBUBEN.

Herrje! Herrje! Mädel von Fürth!
Stadtpfeifer, spielt! daß 's lustig wird!

Ein bunter Kahn, mit jungen MÄDCHEN *in reicher bäuerischer Tracht, ist angekommen. Die* LEHRBUBEN *heben die Mädchen heraus, und tanzen mit ihnen, während die Stadtpfeifer spielen, nach dem Vordergrunde. – Das Charakteristische des Tanzes besteht darin, daß die Lehrbuben die Mädchen scheinbar nur an den Platz bringen wollen; sowie die* GESELLEN *zugreifen wollen, ziehen die* BUBEN *die* MÄDCHEN *aber immer wieder zurück, als ob sie sie anderswo unterbringen wollten, wobei sie meistens den ganzen Kreis, wie wählend, ausmessen, und somit die scheinbare Absicht auszuführen anmutig und lustig verzögern.*

DAVID

kommt vom Landungsplatz vor.

Ihr tanzt? Was werden die Meister sagen?　　2570
Die Buben drehen ihm Nasen.

Hört nicht? – Lass' ich mir's auch behagen!

Er nimmt sich ein junges, schönes Mädchen, und gerät im Tanze mit ihr bald in großes Feuer. Die Zuschauer freuen sich und lachen.

EIN PAAR LEHRBUBEN.

David! die Lene! die Lene sieht zu!

DAVID

erschrickt, läßt das Mädchen schnell fahren, faßt sich aber Mut, da er nichts sieht, und tanzt nun noch feuriger weiter.

Ach! laßt mich mit euren Possen in Ruh!

---

nach 2567 Wiederholung 2545–2546, 2559–2560　2572 David! David! Die Lene sieht zu!

GESELLEN

am Landungsplatz.
Die Meistersinger! die Meistersinger!

DAVID.

Herr Gott! – Ade, ihr hübschen Dinger! 2575

Er gibt dem Mädchen einen feurigen Kuß, und reißt sich los. Die LEHRBUBEN *unterbrechen alle schnell den Tanz, eilen zum Ufer, und reihen sich dort zum Empfang der Meistersinger. Alles macht auf das Geheiß der Lehrbuben Platz. – Die* MEISTERSINGER *ordnen sich am Landungsplatze und ziehen dann festlich auf, um auf der erhöhten Bühne ihre Plätze einzunehmen. Voran* KOTHNER *als Fahnenträger; dann* POGNER, EVA *an der Hand führend; diese ist von festlich geschmückten und reich gekleideten jungen* MÄDCHEN *begleitet, denen sich* MAGDALENE *anschließt. Dann folgen die übrigen* MEISTERSINGER. *Sie werden mit Hutschwenken und Freudenrufen begrüßt. Als alle auf der Bühne angelangt sind,* EVA, *von den Mädchen umgeben, den Ehrenplatz eingenommen, und* KOTHNER *die Fahne gerade in der Mitte der übrigen Fahnen, und sie alle überragend, aufgepflanzt hat, treten die* LEHRBUBEN, *dem Volke zugewendet, feierlich vor der Bühne in Reih und Glied.*

LEHRBUBEN.

Silentium! Silentium!
Laßt all Reden und Gesumm!

SACHS *erhebt sich und tritt vor. Bei seinem Anblick stößt sich alles an und bricht sofort unter Hut- und Tücherschwenken in großen Jubel aus.*

ALLES VOLK.

Ha! Sachs! 's ist Sachs!

2574 Die Meistersinger! – LEHRBUBEN. Die Meistersinger!
2577 Macht kein Reden und kein Gesumm!

Seht! Meister Sachs!
Stimmt an! Stimmt an! Stimmt an!   2580
Mit feierlicher Haltung.
»Wach auf, es nahet gen dem Tag,
ich hör' singen im grünen Hag
ein wonnigliche Nachtigall,
ihr Stimm' durchklinget Berg und Tal:
die Nacht neigt sich zum Okzident,   2585
der Tag geht auf von Orient,
die rotbrünstige Morgenröt'
her durch die trüben Wolken geht.« –
Heil Sachs! Hans Sachs!
Heil Nürnbergs teurem Sachs!   2590

Längeres Schweigen großer Ergriffenheit. SACHS, *der unbeweglich, wie geistesabwesend, über die Volksmenge hinweg geblickt hatte, richtet endlich seine Blicke vertrauter auf sie, verneigt sich freundlich, und beginnt mit ergriffener, schnell aber sich festigender Stimme.*

SACHS.

Euch wird es leicht, mir macht ihr's schwer,
gebt ihr mir Armen zu viel Ehr':
such' vor der Ehr' ich zu bestehn,
sei's, mich von euch geliebt zu sehn!
Schon große Ehr' ward mir erkannt,   2595
ward heut ich zum Spruchsprecher ernannt:
und was mein Spruch euch künden soll,
glaubt, das ist hoher Ehre voll!
Wenn ihr die Kunst so hoch schon ehrt,
da galt es zu beweisen,   2600

2580 Stimmt an! Stimmt an!   2581 »Wach auf, es nahet gen den
Tag;   2584 ihr Stimm' durchdringet Berg und Tal;   2591 Euch
macht ihr's leicht, mir macht ihr's schwer,   2593 Soll vor der Ehr'
ich bestehn,   2598 glaubt, das ist hoher Ehren voll. –

daß, wer ihr selbst gar angehört,
    sie schätzt ob allen Preisen.
Ein Meister, reich und hochgemut,
    der will euch heut das zeigen:
sein Töchterlein, sein höchstes Gut,   2605
    mit allem Hab und Eigen,
dem Singer, der im Kunstgesang
vor allem Volk den Preis errang,
    als höchsten Preises Kron'
    er bietet das zum Lohn.   2610
Darum so hört, und stimmet bei:
die Werbung steht dem Dichter frei.
Ihr Meister, die ihr's euch getraut,
euch ruf' ich's vor dem Volke laut:
erwägt der Werbung seltnen Preis,   2615
    und wem sie soll gelingen,
daß der sich rein und edel weiß,
    im Werben, wie im Singen,
    will er das Reis erringen,
das nie bei Neuen noch bei Alten   2620
ward je so herrlich hoch gehalten,
    als von der lieblich Reinen,
    die niemals soll beweinen,
daß Nürenberg mit höchstem Wert
die Kunst und ihre Meister ehrt.   2625

Große Bewegung unter allen. – SACHS *geht auf* POGNER *zu,*
    der ihm gerührt die Hand drückt.

POGNER.

O Sachs! Mein Freund! Wie dankenswert!
Wie wißt Ihr, was mein Herz beschwert!

SACHS.

's war viel gewagt! Jetzt habt nur Mut!

2604 der will heut euch das zeigen: 2611 Darum so hört und
stimmt mir bei: 2612 die Werbung steh' dem Dichter frei.

Er wendet sich zu BECKMESSER, *der schon während des Ein-*
zuges, und dann fortwährend, immer das Blatt mit dem
Gedicht heimlich herausgezogen, memoriert, genau zu lesen
versucht, und oft verzweiflungsvoll den Schweiß sich von
der Stirn gewischt hat.

Herr Merker! Sagt, wie steht es? Gut?

BECKMESSER.

O, dieses Lied! – Werd' nicht draus klug,   2630
und hab' doch dran studiert genug!

SACHS.

Mein Freund, 's ist Euch nicht aufgezwungen.

BECKMESSER.

Was hilft's? – Mit dem meinen ist doch versungen;
's war Eure Schuld! – Jetzt seid hübsch für mich!
's wär' schändlich, ließet Ihr mich im Stich!   2635

SACHS.

Ich dächt', Ihr gäbt's auf.

BECKMESSER.

                    Warum nicht gar?
Die andren sing' ich alle zu paar'!
Wenn Ihr nur nicht singt.

SACHS.

                    So seht, wie's geht!

BECKMESSER.

Das Lied – bin's sicher – zwar keiner versteht:
doch bau' ich auf Eure Popularität.   2640
Die LEHRBUBEN *haben vor der Meistersinger-Bühne schnell*

2629 Herr Merker! Sagt, wie steht's? Gut?   2635 's wär' schändlich, ließt Ihr mich im Stich!   2639 Das Lied, bin's sicher, zwar niemand versteht;

von Rasenstücken einen kleinen Hügel aufgeworfen, fest
gerammelt, und reich mit Blumen überdeckt.

SACHS.

Nun denn, wenn's Meistern und Volk beliebt,
zum Wettgesang man den Anfang gibt.

KOTHNER

tritt vor.

Ihr ledig' Meister, macht euch bereit!
Der Ältest' sich zuerst anläßt: –
Herr Beckmesser, Ihr fangt an! 's ist Zeit!   2645

BECKMESSER

verläßt die Singerbühne, die Lehrbuben führen ihn zu
dem Blumenhügel: er strauchelt darauf, tritt unsicher und
schwankt.

Zum Teufel! Wie wackelig! Macht das hübsch fest!
Die Buben lachen unter sich, und stopfen an dem Rasen.

DAS VOLK

unterschiedlich, während Beckmesser sich zurecht macht.

Wie der? Der wirbt? Scheint mir nicht der Rechte!
An der Tochter Stell' ich den nicht möchte. –
　　　Er kann nicht mal stehn:
　　　Wie wird's mit dem gehn? –   2650
Seid still! 's ist gar ein tücht'ger Meister!
Stadtschreiber ist er: Beckmesser heißt er. –
　　　Gott! ist der dumm!
　　　Er fällt fast um! –
Still! macht keinen Witz;   2655
der hat im Rate Stimm' und Sitz.

2649 [*beim 1. Mal:*] Ach! der kann ja nicht mal stehn!   2650 [*beim*
1. Mal:] Wie soll es mit dem gehn?   2649–2656 *Abfolge* 2651,
2655–2656, 2649–2650, 2654, 2652–2653

DIE LEHRBUBEN
in Aufstellung.

Silentium! Silentium!
Laßt all Reden und Gesumm!

BECKMESSER

*macht, ängstlich in ihren Blicken forschend, eine gezierte
Verbeugung gegen* EVA.

KOTHNER.

Fanget an!

BECKMESSER

*singt mit seiner Melodie, verkehrter Prosodie, und mit süß-
lich verzierten Absätzen, öfters durch mangelhaftes Memorieren gänzlich behindert, und mit immer wachsender
ängstlicher Verwirrung.*

» Morgen ich leuchte in rosigem Schein,   2660
        voll Blut und Duft
        geht schnell die Luft; –
        wohl bald gewonnen,
        wie zerronnen, –
        im Garten lud ich ein –   2665
        garstig und fein. « –

DIE MEISTER
leise unter sich.

Mein! was ist das? Ist er von Sinnen?
Woher mocht er solche Gedanken gewinnen?

VOLK
ebenso.

Sonderbar! Hört ihr's? Wen lud er ein?
Verstand man recht? Wie kann das sein?   2670

2658 *wie* 2577   2661 von Blut und Duft   *nach* 2668 Höchst
merkwürd'ger Fall! Was kommt ihm bei?

BECKMESSER

nachdem er sich mit den Füßen wieder gerichtet, und im Manuskript heimlich nachgelesen.

»Wohn' ich erträglich im selbigen Raum, –
hol' Gold und Frucht –
Bleisaft und Wucht: –
mich holt am Pranger –
der Verlanger, –   2675
auf luft'ger Steige kaum –
häng' ich am Baum.« –

Er sucht sich wieder zurecht zu stellen und im Manuskript zurecht zu finden.

DIE MEISTER.

Was soll das heißen? Ist er nur toll?
Sein Lied ist ganz von Unsinn voll!

DAS VOLK

immer lauter.

Schöner Werber! Der find't seinen Lohn: 2680
bald hängt er am Galgen; man sieht ihn schon.

BECKMESSER

immer verwirrter.

»Heimlich mir graut –
weil hier es munter will hergehn: –
an meiner Leiter stand ein Weib, –
sie schäm' und wollt' mich nicht besehn.   2685
Bleich wie ein Kraut –
umfaser mir Hanf meinen Leib; –
Die Augen zwinkend –
der Hund blies winkend –

2672 hol' Geld und Frucht,   2678–2679 *Ensemble mit* 2681
2680 Schöner Werber! Der find't wohl seinen Lohn.   2683 weil es
hier munter will hergehn: 2688 mit Augen zwinkend –

was ich vor langem verzehrt, –   2690
wie Frucht, so Holz und Pferd –
vom Leberbaum.« –

Hier bricht alles in lautes, schallendes Gelächter aus.

BECKMESSER

verläßt wütend den Hügel, und eilt auf Sachs zu.

Verdammter Schuster! Das dank' ich dir! –
Das Lied, es ist gar nicht von mir:
von Sachs, der hier so hoch verehrt,   2695
von eurem Sachs ward mir's beschert!
Mich hat der Schändliche bedrängt,
sein schlechtes Lied mir aufgehängt.

Er stürzt wütend fort und verliert sich unter dem Volke.
Großer Aufstand.

VOLK.

Mein! Was soll das? Jetzt wird's immer bunter!
Von Sachs das Lied? Das nähm' uns doch Wunder!   2700

DIE MEISTERSINGER.

Erklärt doch, Sachs! Welch ein Skandal!
Von Euch das Lied? Welch eigner Fall!

SACHS

der ruhig das Blatt, welches ihm Beckmesser hingeworfen,
aufgehoben hat.

Das Lied, führwahr ist nicht von mir:
Herr Beckmesser irrt, wie dort so hier!
Wie er dazu kam, mag er selbst sagen;   2705
doch möcht' ich mich nie zu rühmen wagen,

2695 vom Sachs, der hier so hoch verehrt,   2699 Mein! Was soll das
sein? Jetzt wird's immer bunter!   2705 Wie er dazu kam, mag selbst
er sagen;   2706 doch möcht' ich nie mich zu rühmen wagen,

ein Lied, so schön wie dies erdacht,
sei von mir, Hans Sachs, gemacht.

MEISTERSINGER.

Wie? Schön dies Lied? Der Unsinn-Wust!

VOLK.

Hört, Sachs macht Spaß! Er sagt's zur Lust. 2710

SACHS.

Ich sag' euch Herrn, das Lied ist schön:
nur ist's auf den ersten Blick zu ersehn,
daß Freund Beckmesser es entstellt.
Doch schwör' ich, daß es euch gefällt,
    wenn richtig die Wort' und Weise 2715
    hier einer säng' im Kreise.
Und wer das verstünd', zugleich bewies',
    daß er des Liedes Dichter,
und gar mit Rechte Meister hieß',
    fänd' er geneigte Richter. – 2720
Ich bin verklagt und muß bestehn:
drum laßt meinen Zeugen mich ausersehn! –
Ist jemand hier, der Recht mir weiß,
der tret' als Zeug' in diesen Kreis!

WALTHER

tritt aus dem Volke hervor.

Allgemeine Bewegung.

SACHS.

So zeuget, das Lied sei nicht von mir; 2725
und zeuget auch, daß, was ich hier

2709 Wie? Das Lied wär' schön, dieser Unsinnswust?   2710 Hört!
Sachs macht Spaß! Er sagt es nur zur Lust.   2715 wenn richtig
Wort' und Weise   2717 und wer dies verstünd', zugleich bewies',
2720 fänd' er gerechte Richter. –   2722 drum laßt mich meinen
Zeugen ausersehn. –

hab' von dem Lied gesagt,
zuviel nicht sei gewagt.

DIE MEISTER.

Ei, Sachs! Gesteht, Ihr seid gar fein! –
So mag's denn heut geschehen sein.   2730

SACHS.

Der Regel Güte daraus man erwägt,
daß sie auch mal 'ne Ausnahm' verträgt.

DAS VOLK.

Ein guter Zeuge, schön und kühn!
Mich dünkt, dem kann was Gut's erblühn.

SACHS.

Meister und Volk sind gewillt   2735
zu vernehmen was mein Zeuge gilt.
Herr Walther von Stolzing, singt das Lied!
Ihr Meister, lest, ob's ihm geriet.
      Er gibt den Meistern das Blatt zum Nachlesen.

DIE LEHRBUBEN.

Alles gespannt, 's gibt kein Gesumm;
da rufen wir auch nicht Silentium!   2740

WALTHER
der kühn und fest auf den Blumenhügel getreten.

»Morgenlich leuchtend in rosigem Schein,
      von Blüt' und Duft
      geschwellt die Luft,

2727 vom Lied hab' gesagt,   *vor* 2729 Wie fein ist Sachs!
2729 Ei, Sachs, Ihr seid gar fein!   2730 Doch mag es heut geschehen sein!   2733 Ein guter Zeuge, stolz und kühn!   2741 »Morgenlich leuchtend im rosigen Schein,

voll aller Wonnen
nie ersonnen, 2745
ein Garten lud mich ein, –

Die MEISTER *lassen hier ergriffen das Blatt fallen;* WALTHER
*scheint es – unmerklich – gewahrt zu haben, und fährt nun
in freier Fassung fort.*

dort unter einem Wunderbaum,
von Früchten reich behangen,
zu schaun im sel'gen Liebestraum,
was höchstem Lustverlangen 2750
Erfüllung kühn verhieß –
das schönste Weib,
Eva im Paradies. –«

DAS VOLK
leise unter sich.

Das ist was andres! Wer hätt's gedacht?
Was doch recht Wort und Vortrag macht! 2755

DIE MEISTERSINGER
leise für sich.

Ja wohl! ich merk'! 's ist ein ander Ding,
ob falsch man oder richtig sing'.

SACHS.
Zeuge am Ort!
Fahret fort! 2759

WALTHER.
»Abendlich dämmernd umschloß mich die Nacht;
auf steilem Pfad
war ich genaht

2749 zu schaun in sel'gem Liebestraum,

wohl einer Quelle
edler Welle,
die lockend mir gelacht: 2765
dort unter einem Lorbeerbaum,
von Sternen hell durchschienen,
ich schaut' im wachen Dichtertraum,
mit heilig holden Mienen
mich netzend mit dem Naß,   2770
das hehrste Weib –
die Muse des Parnaß.«

DAS VOLK
immer leiser, für sich.

So hold und traut, wie fern es schwebt,
doch ist's als ob man's mit erlebt!

DIE MEISTERSINGER.

's ist kühn und seltsam, das ist wahr: 2775
doch wohlgereimt und singebar.

SACHS.

Zum dritten, Zeuge wohl erkiest!
Fahret fort, und schließt!

WALTHER
mit größter Begeisterung.

»Huldreichster Tag,
dem ich aus Dichters Traum erwacht!   2780
Das ich geträumt, das Paradies,
in himmlisch neu verklärter Pracht
hell vor mir lag

2763 zu einer Quelle   2764 reiner Welle,   2769 von heilig holden
Mienen,   2770 mich netzend mit dem edlen Naß,   2777 Zeuge,
wohl erkiest!   2777–2778 *Ensemble mit* 2774–2776   2781 Das ich
erträumt, das Paradies,

dahin der Quell lachend mich wies:
    die, dort geboren,   2785
    mein Herz erkoren,
der Erde lieblichstes Bild,
zur Muse mir geweiht,
so heilig hehr als mild,
ward kühn von mir gefreit,   2790
am lichten Tag der Sonnen
durch Sanges Sieg gewonnen
Parnaß und Paradies!«

VOLK

sehr leise den Schluß begleitend.

Gewiegt wie in den schönsten Traum,
hör' ich es wohl, doch fass' es kaum!   2795
    Reich ihm das Reis!
    Sein der Preis!
Keiner wie er zu werben weiß!

DIE MEISTER.

Ja, holder Sänger! Nimm das Reis!
Dein Sang erwarb dir Meisterpreis.   2800

POGNER.

O Sachs! Dir dank' ich Glück und Ehr'!
Vorüber nun all Herzbeschwer!

EVA,

die vom Anfang des Auftrittes her in sicherer, ruhiger Haltung verblieben, und bei allen Vorgängen wie in seliger Geistesentrücktheit sich erhalten, hat WALTHER *unverwandt zugehört; jetzt, während am Schlusse des Gesanges Volk*

2784 dahin lachend nun der Quell den Pfad mir wies;   2788 als Muse mir geweiht,   2789 so heilig ernst als mild,   2794–2795 *Ensemble mit 2791–2793*   *nach* 2802 EVA. Keiner wie du so hold zu werben weiß! *Ensemble mit 2794– 2802*

und Meister, gerührt und ergriffen, unwillkürlich ihre Zu-
stimmung ausdrücken, erhebt sie sich, schreitet an den
Rand der Singerbühne, und drückt auf die Stirn WALTHERS,
welcher zu den Stufen herangetreten ist und vor ihr sich
niedergelassen hat, einen aus Lorbeer und Myrten gefloch-
tenen Kranz, worauf dieser sich erhebt und von ihr zu
ihrem Vater geleitet wird, vor welchem beide niederknien;
    POGNER *streckt segnend seine Hände über sie aus.*

SACHS
deutet dem Volke mit der Hand auf die Gruppe.
Den Zeugen, denk' es, wählt' ich gut:
tragt ihr Hans Sachs drum üblen Mut?

VOLK
jubelnd.
Hans Sachs! Nein! Das war schön erdacht!   2805
Das habt Ihr einmal wieder gut gemacht!

MEHRERE MEISTERSINGER.*
Auf, Meister Pogner! Euch zum Ruhm,
meldet dem Junker sein Meistertum.

POGNER
eine goldene Kette mit drei Denkmünzen tragend.
Geschmückt mit König Davids Bild,
nehm' ich Euch auf in der Meister Gild'.   2810

WALTHER
zuckt unwillkürlich heftig zurück.
Nicht Meister! Nein!
Will ohne Meister selig sein!

DIE MEISTER
*blicken in großer Betretenheit auf Sachs.***

---

* DIE MEISTERSINGER.
** *(Alles blickt mit großer Betroffenheit auf Sachs.)*

SACHS

WALTHER *fest bei der Hand fassend.*

Verachtet mir die Meister nicht,
    und ehrt mir ihre Kunst!
Was ihnen hoch zum Lobe spricht, 2815
    fiel reichlich Euch zur Gunst.
Nicht Euren Ahnen, noch so wert,
nicht Euren Wappen, Speer noch Schwert,
    daß Ihr ein Dichter seid,
    ein Meister Euch gefreit, 2820
dem dankt Ihr heut Eu'r höchstes Glück.
Drum, denkt mit Dank Ihr dran zurück,
wie kann die Kunst wohl unwert sein,
die solche Preise schließet ein? –
Daß unsre Meister sie gepflegt, 2825
    grad recht nach ihrer Art,
nach ihrem Sinne treu gehegt,
    das hat sie echt bewahrt:
blieb sie nicht adlig, wie zur Zeit
wo Höf' und Fürsten sie geweiht, 2830
    im Drang der schlimmen Jahr'
    blieb sie doch deutsch und wahr;
und wär' sie anders nicht geglückt,
als wie wo alles drängt' und drückt',
Ihr seht, wie hoch sie blieb in Ehr': 2835
was wollt Ihr von den Meistern mehr?
Habt acht! Uns drohen üble Streich': –
zerfällt erst deutsches Volk und Reich,
in falscher welscher Majestät
kein Fürst bald mehr sein Volk versteht; 2840
und welschen Dunst mit welschem Tand

2818 nicht Eurem Wappen, Speer noch Schwert, –   2834 als wie wo
alles drängt und drückt,   2837 Habt Acht! Uns dräuen üble
Streich':

sie pflanzen uns ins deutsche Land.
Was deutsch und echt wüßt' keiner mehr,
lebt's nicht in deutscher Meister Ehr'.
> Drum sag' ich Euch: 2845
ehrt Eure deutschen Meister,
dann bannt Ihr gute Geister!
Und gebt Ihr ihrem Wirken Gunst,
> zerging' in Dunst
das heil'ge röm'sche Reich,   2850
> uns bliebe gleich
die heil'ge deutsche Kunst!

Alle fallen begeistert in den Schlußvers ein. – EVA nimmt
den Kranz von WALTHERS Stirn und drückt ihn SACHS auf;
dieser nimmt die Kette aus POGNERS Hand, und hängt sie
WALTHER um. – WALTHER und EVA lehnen sich zu beiden
Seiten an SACHSENS Schultern; POGNER läßt sich, wie huldi-
gend, auf ein Knie vor SACHS nieder. Die MEISTERSINGER
deuten mit erhobenen Händen auf SACHS, als auf ihr
Haupt. Während die LEHRBUBEN jauchzend in die Hände
schlagen und tanzen, schwenkt das Volk begeistert Hüte
und Tücher.*

VOLK.

Heil Sachs! Hans Sachs!
Heil Nürnbergs teurem Sachs!
> *Der Vorhang fällt.*

Ende

2842 sie pflanzen uns in deutsches Land;   2853 Heil! Sachs!
2854 Nürnbergs teurem Sachs!
* 2846–2852

Fassung der Partitur

zu

Zweiter Aufzug. Siebente Szene

[*Ensemble.*]

SACHS *beobachtet noch eine Zeitlang den wachsenden Tumult, löscht aber alsbald sein Licht aus und schließt den Laden so weit, daß er, ungesehen, stets durch eine kleine Öffnung den Platz unter der Linde beobachten kann. –* WALTHER *und* EVA *sehen mit wachsender Sorge dem anschwellenden Auflaufe zu; er schließt sie in seinen Mantel fest an sich und birgt sich hart an der Linde im Gebüsch, so daß beide fast ungesehen bleiben. – Die* NACHBARN *verlassen die Fenster und kommen nach und nach in Nachtkleidern einzeln auf die Straße herab.*

DAVID

ist, mit einem Knüppel bewaffnet, zurückgekommen, steigt aus dem Fenster und wirft sich nun auf Beckmesser.

Zum Teufel mit dir, verdammter Kerl!

MAGDALENE

am Fenster, schreiend.

Ach, Himmel! David! Gott, welche Not!
Zu Hilfe! Zu Hilfe! Sie schlagen sich tot!

BECKMESSER

wehrt sich, will fliehen; David hält ihn am Kragen.

Verfluchter Bursch! Läßt du mich los!

DAVID.

Gewiß! Die Glieder brech' ich dir bloß!

Beckmesser und David balgen sich fortwährend; bald verschwinden sie gänzlich, bald kommen sie wieder in den

*Vordergrund, immer Beckmesser auf der Flucht, David ihn
einholend, festhaltend und prügelnd.*

NACHBARN

*(Vogelgesang, Zorn, Moser, Eißlinger, Nachtigall, Kothner,
Ortel, Foltz).*

Seht nach! Springt zu! Da würgen sich zwei!
Sie kommen herab.
's gibt Schlägerei! Heda! Herbei!
Bereits auf der Gasse.
Ihr da! Laßt los! Gebt freien Lauf!
Laßt ihr nicht los, wir schlagen drauf!
Gleich auseinander da, ihr Leut!

ZORN

auf den 1. Nachbar – Vogelgesang – stoßend.
Ei seht, auch Ihr hier?

VOGELGESANG

dem 2. Nachbar – Zorn – entgegentretend.
Was sucht Ihr hier?

ZORN.

Geht's Euch was an?

VOGELGESANG.

Hat man Euch was getan?

ZORN.

Euch kennt man gut.

VOGELGESANG.

Euch noch viel besser.

ZORN.

Wieso denn?

VOGELGESANG.

Ei, so!

Er schlägt ihn.

ZORN.

Esel!

Er schlägt wieder.

VOGELGESANG.

Dummrian!

KOTHNER.

Er stößt auf einen Nachbar – Nachtigall.
Euch gönnt' ich's schon lange!

Moser, Eißlinger beide im Streit.

MOSER.

Wird Euch wohl bange?

NACHTIGALL
schlägt Kothner.
Das für die Klage.

EISSLINGER.

Hat Euch die Frau gehetzt?

MOSER.

Schaut, wie es Prügel setzt.

Sie schlagen sich.

EISSLINGER.

Lümmel!

MOSER.

Grobian.

KOTHNER
holt einen Stock hervor.
Seht Euch vor, wenn ich schlage!

NACHTIGALL.

Seid Ihr noch nicht gewitzt?

KOTHNER.

Nun, schlagt doch!

NACHTIGALL
schlägt.

Das sitzt!

KOTHNER.

Daß dich Halunken gleich ein Donnerwetter träf'!
Verfolgt ihn.

EISSLINGER.

Wartet, ihr Racker!

MOSER.

Maßabzwacker!

ZORN.

Wollt Ihr noch mehr?

VOGELGESANG, KOTHNER, ORTEL, FOLTZ, SCHWARZ.

Packt Euch jetzt heim,
sonst kriegt Ihr's von der Frau!

NACHTIGALL.

Was geht's Euch an,
wenn ich nun grad hier bleiben will?

ZORN, MOSER.

Geht's Euch was an, wenn ich nicht will?

VOGELGESANG.

Auf, schert Euch heim!

EISSLINGER.

Was geht's Euch an, wenn mir's gefällt?

MOSER, KOTHNER, ORTEL, FOLTZ, SCHWARZ.

Schickt die Gesellen heim!

ZORN.

So gut wie Ihr bin Meister ich!

EISSLINGER.

Dummer Kerl!

KOTHNER.

Macht Euch fort!

NACHTIGALL.

Schert Euch heim!

VOGELGESANG.

Schert doch Ihr Euch selber fort!

ZORN, MOSER, ORTEL.

Macht Euch fort!

VOGELGESANG, EISSLINGER.

Haltet's Maul!

ORTEL, FOLTZ, SCHWARZ.

Schlagt sie nieder!

VOGELGESANG, EISSLINGER, ZORN, MOSER.

Wir weichen nicht!

KOTHNER, NACHTIGALL.

Keiner weiche!

ZORN, MOSER.

Tuchscherer!

VOGELGESANG, EISSLINGER.

Leinweber!

ORTEL, FOLTZ, SCHWARZ.

Stemmt Euch hier nicht mehr zu Hauf.

VOGELGESANG, EISSLINGER, ZORN, MOSER.

Immer ran!

KOTHNER, NACHTIGALL.

Wacker zu!

LEHRBUBEN

einzeln, dann mehr kommen von allen Seiten dazu. Einzelne:

Herbei! Herbei! 's gibt Keilerei!
'sind die Schuster! Nein, 'sind die Schneider!
Die Trunkenbolde! Die Hungerleider!
Kennt man die Schlosser nicht,
die haben's sicher angericht'!
Ich glaub', die Schmiede werden's sein.
Nein, 'sind die Schlosser dort, ich wett'.
Ich kenn' die Schreiner dort.
Gewiß, die Metzger sind's!
Hei! Schaut die Schäffler dort beim Tanz!
Dort seh' die Bader ich im Glanz;
herbei, herbei! Jetzt geht's zum Tanz!
Immer mehr! 's gibt große Keilerei!

Jubelnd.

Krämer finden sich zur Hand,
mit Gerstenstang' und Zuckerkand;
mit Pfeffer, Zimt, Muskatennuß,
sie riechen schön,
doch machen viel Verdruß;
sie riechen schön
und bleiben gern vom Schuß.
Meinst du damit etwa mich?
Halt's Maul!
Mein' ich damit etwa dich?
Hei! Das sitzt.
Seht nur, der Has'!
Hat überall die Nas'!
Immer mehr heran!

Jetzt fängt's erst richtig an!
Lustig, wacker! Jetzt geht's erst recht an!
Nur immer mehr heran zu uns!

Jubelnd.

Hei! nun geht's Plautz hast du nicht gesehn!
Hast's auf die Schauz'!
Ha, nun geht's: Krach! Hagelwetterschlag!
Ha! nun geht's: Pardauz!
Wo es sitzt, da wächst nichts so bald nach!
Wo es sitzt, da fleckt's,
da wächst kein Gras so bald nicht wieder nach! –
Der hat's gekriegt!
Jetzt fährt's hinein wie Hagelschlag!
Bald setzt es blut'ge Köpf', Arm' und Bein'!
Dort, der Pfister denkt daran!
hei! Der hat's! Der hat genug!
Scher sich jeder heim, wer nicht mit keilt!
Tüchtig gekeilt!
Immer lustig! Heisa, lustig! Keilt euch wacker!
Immer mehr! Immer mehr! Keiner weiche!
Nun haltet selbst Gesellen mutig stand!
Wer wich', 's wär' wahrlich eine Schand'!
Hei, Juchhe! Immer lustig! Nicht gewichen!
Wacker drauf und dran!
Wir stehen alle wie ein Mann!
Wie ein Mann
stehn wir alle
fest zur Keilerei!

Die GESELLEN, *mit Knitteln bewaffnet, kommen von ver-*
schiedenen Seiten dazu.

GESELLEN.

Heda! Gesellen ran!
Dort wird mit Zank und Streit getan;
da gibt's gewiß noch Schlägerei;
Gesellen, haltet euch dabei!

Gibt's Schlägerei, wir sind dabei!
'sind die Weber! 'sind die Gerber!
Dacht' ich mir's doch gleich:
Die Preisverderber!
Spielen immer Streich'.
Wischt's ihnen aus! Gebt's denen scharf!
Immer mehr! Die Keilerei wird groß!
Dort den Metzger Klaus
kenn' ich heraus!
's ist morgen der Fünfte.
's brennt manchem da im Haus!
Herbei!
Hei! hier setzt's Prügel!
Schneider mit dem Bügel!
Zünfte heraus!
Nur tüchtig drauf und dran, wir schlagen los!
Ihr da, macht! Packt euch fort!
Wir sind hier grad am Ort!
Wolltet ihr etwa den Weg uns hier verwehren?
Macht Platz, wir schlagen drein!
Gürtler! Spengler!
Macht ihr euch selber fort!
Zinngießer! Leimsieder! Lichtsieder!
Nicht gewichen!
Schlagt sie nieder!
Keiner weiche!
Tuchscherer!
Leinweber!
Immer ran! Wacker zu! Immer drauf!
Immer ran, wer's noch wagt!
Schlagt's ihn' hin!
Haltet's Maul!
Schert euch selber fort und macht euch heim!
Schert euch fort, hier geht's los!
Ihr, macht euch fort, wir schlagen drein!
Immer drauf und dran!

Zünfte! Zünfte heraus!
Jetzt gilt's: keiner weiche hier!
Zünfte! Zünfte! Zünfte heraus!
Alle Zünfte 'raus!

Die Meister und Älteren Bürger kommen von verschiede-
nen Seiten dazu.

MEISTER.

Was gibt's denn da für Zank und Streit?
Das tost ja weit und breit!
Gebt Ruh und schert euch jeder gleich nach Hause
                                    heim,
sonst schlag' ein Hageldonnerwetter drein!
Stemmt euch hier nicht mehr zu Hauff

MEISTER *und* NACHBARN.

oder sonst wir schlagen drein!
Gebt Ruh, und scher' sich jeder heim!
Sonst schlagen wir Meister selbst noch drein!
Jetzt hilft nichts, Meister! Schlagt selbst drein!

Die Nachbarinnen haben die Fenster geöffnet und gucken
heraus.

NACHBARINNEN.

Was ist das für Zanken und Streit?
Da gibt's gewiß noch Schlägerei?
Wär' nur der Vater nicht dabei!
Da ist mein Mann gewiß dabei!
Ach, welche Not! –
Mein, seht nur dort! Mein, seht nur hier!
Der Zank und Lärm! Der Lärm und Streit:
's wird einem wahrlich angst und bang!
He da! Ihr dort unten,
so seid doch nur gescheit!
Ei hört, was will die Alte da?
Seid ihr denn alle gleich

zu Streit und Zank bereit?
Mein! Dort schlägt sich mein Mann!
Ach, Gott! Säh' ich nur meinen Hans!
Säh' die Not ich wohl an?
Seid ihr alle blind und toll?
Sind euch vom Wein die Köpfe voll?
Seht dort den Christian,
er walkt den Peter ab!
Mein! Dort den Michel seht,
der haut dem Steffen eins!
Hilfe! Der Vater! Der Vater!
Ach, sie hau'n ihn tot!
Peter! So höre doch!
Jesus! Der Hans hat einen Hieb am Kopf. –
Hans! Ei, so höre doch!
Jesus! Sie schlagen meinen Jungen tot!
Gott! Wie sie walken,
wie sie wackeln hin und her!
Gott steh uns bei,
geht das noch lange hier so fort!
Gott, welche Höllennot!
Hei! Mein Mann schlägt wacker auf sie drein!
Wer hört sein eigen Wort?
Die Köpf' und Zöpfe wackeln hin und her!
Franz, sei doch nur gescheit!
Ach, wie soll das enden?
Welches Toben! Welches Krachen!
Auf, schaffet Wasser her!
Wasser ist das allerbest' für ihre Wut!
Das gießt ihn' auf die Köpf' hinab!
Auf, schreit um Hilfe:
Mord und Zeter, herbei!
Immer toller, wie sie lärmen, toben, schlagen!
Hier hilft einzig Wasser noch!
Hier, an die Fenster her,
bringt Wasser nur,

sonst schlagen sie sich tot!
Topf und Hafen!
Krug und Kanne,
alles voll,
und gießt's ihn' auf den Kopf'!

MAGDALENE

mit größter Anstrengung.

Hör doch nur, David!
So laß doch nur den Herrn dort los,
er hat mir nichts getan!
So hör mich doch nur an!
Ach! Welche Not!

Hinabspähend.

Herr Gott, er hält ihn noch!
Mein! David, ist er toll?

Schreiend.

Ah! – Ach! David, hör:

Mit höchster Anstrengung.

's ist Herr Beckmesser!

POGNER

ist im Nachtgewand oben an das Fenster getreten.

Um Gott! Eva! Schließ zu!
Ich seh', ob unt' im Hause Ruh!

*Er zieht Magdalenen, welche jammernd die Hände nach
der Gasse hinab gerungen, herein und schließt das Fenster.*

WALTHER

*der bisher mit Eva sich hinter dem Gebüsch verborgen, faßt
jetzt Eva dicht in den linken Arm und zieht mit der rechten
Hand das Schwert.*

Jetzt gilt's zu wagen,
sich durchzuschlagen!

*Er dringt mit geschwungenem Schwerte bis in die Mitte der
Bühne vor, um sich mit Eva durch die Gasse durchzuhauen.
– Da springt Sachs mit einem kräftigen Satze aus dem La-
den, bahnt sich mit geschwungenem Knieriemen Weg bis zu
Walther und packt diesen beim Arm.*

POGNER

auf der Treppe.

He! Lene! Wo bist du?

SACHS

die halb ohnmächtige Eva die Treppe hinaufstoßend.

Ins Haus, Jungfer Lene!

*Pogner empfängt Eva und zieht sie am Arm in das Haus.
Sachs, mit dem Knieriemen David eines überhauend und
mit einem Fußtritt ihn voran in den Laden stoßend, zieht
Walther, den er mit der andren Hand fest gefaßt hält, gewaltsam schnell ebenfalls mit sich hinein und schließt sogleich fest hinter sich zu. – Beckmesser, durch Sachs von
David befreit, sucht sich, jämmerlich zerschlagen, eilig
durch die Menge zu flüchten.*
*Sogleich mit dem Eintritte des Nachtwächterhornes
(3/4-Takt) haben die Frauen aus allen Fenstern starke Güs-
se von Wasser aus Kannen, Krügen und Becken auf die
Streitenden hinabstürzen lassen; dieses, mit dem besonders
starken Tönen des Hornes zugleich, wirkt auf alle mit einem panischen Schrecken: Nachbarn, Lehrbuben, Gesellen
und Meister suchen in eiliger Flucht nach allen Seiten hin
das Weite, so daß die Bühne sehr bald gänzlich leer wird;
die Haustüren werden hastig geschlossen; auch die Nachbarinnen verschwinden von den Fenstern, welche sie zuschlagen.*
*Als die Straße und Gasse leer geworden und alle Häuser ge-
schlossen sind, betritt der Nachtwächter im Vordergrunde
rechts die Bühne, reibt sich die Augen, sieht sich verwun-*

dert um, schüttelt den Kopf und stimmt, mit leise bebender
Stimme, den Ruf an.

NACHTWÄCHTER.

Hört, ihr Leut, und laßt euch sagen,
die Glock' hat Eilfe geschlagen:
bewahrt euch vor Gespenstern und Spuk,
daß kein böser Geist eu'r Seel' beruck'!
Lobet Gott, den Herrn!

Der Vollmond tritt hervor und scheint hell in die Gasse hin-
ein; der Nachtwächter schreitet langsam dieselbe hinab. –
Als hier der Nachtwächter um die Ecke biegt, fällt der Vor-
hang schnell, genau mit dem letzten Takte.

Fassung der Partitur

zu

Dritter Aufzug. Dritte Szene

[*Beckmessers Auftritt.*]

Man gewahrt BECKMESSER, *welcher draußen vor dem Laden erscheint, in großer Aufgeregtheit hereinlugt und, da er
die Werkstatt leer findet, hastig hereintritt. Er ist sehr aufgeputzt, aber in sehr leidendem Zustande. – Er blickt sich
erst unter der Türe nochmals genau in der Werkstatt um.
Dann hinkt er vorwärts, zuckt aber zusammen und streicht
sich den Rücken. Er macht wieder einige Schritte, knickt
aber mit den Knien und streicht nun diese. Er setzt sich auf
den Schusterschemel, fährt aber schnell schmerzhaft wieder
auf. Er betrachtet sich den Schemel und gerät dabei in immer aufgeregteres Nachsinnen. Er wird von den verdrieß-
lichsten Erinnerungen und Vorstellungen gepeinigt; immer
unruhiger beginnt er, sich den Schweiß von der Stirn zu wi-
schen. – Er hinkt immer lebhafter umher und starrt dabei
vor sich hin. – Als ob er von allen Seiten verfolgt wäre, taumelt er fliehend hin und her. – Wie um nicht umzusinken,
hält er sich an dem Werktisch, zu dem er hingeschwankt
war, an und starrt vor sich hin. Matt und verzweiflungsvoll
sieht er sich um: – sein Blick fällt endlich durch das Fenster
auf* POGNERS *Haus; er hinkt mühsam an dasselbe heran
und, nach dem gegenüberliegenden Fenster ausspähend,
versucht er, sich in die Brust zu werfen, als ihm sogleich der
Ritter* WALTHER *einfällt: Ärgerliche Gedanken entstehen
ihm dadurch, gegen die er mit schmeichelndem Selbstgefüh-
le anzukämpfen sucht. Die Eifersucht übermannt ihn; er
schlägt sich vor den Kopf. Er glaubt, die Verhöhnung der
Weiber und Buben auf der Gasse zu vernehmen, wendet sich wütend ab und schmeißt das Fenster zu. Sehr ver-
stört wendet er sich mechanisch wieder dem Werktische zu,*

indem er, vor sich hinbrütend, nach einer neuen Weise zu suchen scheint. Sein Blick fällt auf das von SACHS *zuvor beschriebene Papier; er nimmt es neugierig auf, überfliegt es mit wachsender Aufregung und bricht endlich wütend aus.*

Literaturhinweise

Ausgaben, Werkverzeichnis, Gesamtdarstellungen

Richard Wagner. Sämtliche Werke. Hrsg. im Auftrag der Gesellschaft zur Förderung der Richard-Wagner-Gesamtausgabe in Verb. mit der Bayerischen Akademie der Schönen Künste, München. Begr. von Carl Dahlhaus. Editionsleitung Egon Voss. Mainz: Schott, 1970 ff.

Richard Wagner. Sämtliche Schriften und Dichtungen. Volks-Ausgabe. 16 Bde. Leipzig: Breitkopf & Härtel, [1911–14].

Richard Wagner: Mein Leben. Vollständige, kommentierte Ausgabe. Hrsg. von Martin Gregor-Dellin. München: List, 1976.

Cosima Wagner: Die Tagebücher. Hrsg. und komm. von Martin Gregor-Dellin und Dietrich Mack. 2 Bde. München/Zürich: Piper, 1976–77.

Richard Wagner: Sämtliche Briefe. Hrsg. im Auftrage der Richard-Wagner-Stiftung Bayreuth von Getrud Strobel und Werner Wolf (Bd. 1–5), Hans-Joachim Bauer und Johannes Forner (Bd. 6–8), Klaus Burmeister und Johannes Forner (Bd. 9). Leipzig: Deutscher Verlag für Musik, 1967 ff. – Hrsg. von der Richard-Wagner-Stiftung Bayreuth. Editionsleitung Werner Breig (Bd. 10–12). Wiesbaden: Breitkopf & Härtel, 1999 ff.

John Deathridge / Martin Geck / Egon Voss: Wagner-Werk-Verzeichnis. Verzeichnis der musikalischen Werke Richard Wagners und ihrer Quellen. Mainz: Schott, 1986. [WWV.]

Richard-Wagner-Handbuch. Hrsg. von Ulrich Müller und Peter Wapnewski. Stuttgart: Kröner, 1986.

Adler, Guido: Richard Wagner. Leipzig 1904.

Adorno, Theodor W.: Versuch über Wagner. Frankfurt a. M. 1952.

Bekker, Paul: Wagner. Das Leben im Werke. Berlin/Leipzig 1924.

Borchmeyer, Dieter: Das Theater Richard Wagners. Stuttgart 1982.

Dahlhaus, Carl: Wagners Konzeption des musikalischen Dramas. Regensburg 1971.

– / Deathridge, John: Wagner. Aus dem Engl. von Bettina Obrecht. Stuttgart/Weimar 1994.

Glasenapp, Carl Friedrich: Das Leben Richard Wagners in sechs Büchern dargestellt. 6 Bde. Leipzig 1908–23 [u. ö.].

Gregor-Dellin, Martin: Richard Wagner. Sein Leben, sein Werk, sein Jahrhundert. München/Zürich 1980.

Gutman, Robert: Richard Wagner. Der Mensch, sein Werk, seine Zeit. München 1970.

Mann, Thomas: Leiden und Größe Richard Wagners. In: Im Schatten Wagners. Thomas Mann über Richard Wagner. Texte und Zeugnisse 1895–1955. Hrsg. von Hans Rudolf Vaget. Frankfurt a. M. 1999. S. 85–141.

Newman, Ernest: The Life of Richard Wagner. 4 Bde. New York 1933–46.

Voss, Egon: Studien zur Instrumentation Richard Wagners. Regensburg 1970.

Zu *Meistersinger*

Richard Wagner über die *Meistersinger von Nürnberg*. Aussprüche Richard Wagners über sein Werk in Schriften und Briefen. Zsgest. von Erich Kloss. Leipzig 1910.

Bermbach, Udo: Die Utopie der Selbstregierung. Politisch-ästhetische Aspekte der *Meistersinger*. In: Festspielbuch der Bayreuther Festspiele 1996. S. 17–34.

Bloch, Ernst: Über Beckmessers Preislied-Text. In: E. B.: Literarische Aufsätze. Frankfurt a. M. 1965. S. 208–214.

– Sachsens Anrede an den Flieder. In: Ebd. S. 216–219.

– Paradoxa und Pastorale bei Wagner. In: Ebd. S. 294–332.

Borchmeyer, Dieter: Beckmesser – der Jude im Dorn? In: Festspielbuch der Bayreuther Festspiele 1996. S. 89–99.

– Nürnberg als ästhetischer Staat. Die *Meistersinger*: Bild und Gegenbild der Geschichte. In: Festspielbuch der Bayreuther Festspiele 1998. S. 78–89.

Brinkmann, Reinhold: Über das Kern- und Schlußwort der *Meistersinger*. In: Bayerische Staatsoper. Programmheft zur Neuinszenierung von *Die Meistersinger von Nürnberg*. München 1979. S. 82–91.

Csampai, Attila / Holland, Dietmar (Hrsg.): Richard Wagner, *Die Meistersinger von Nürnberg*. Texte, Materialien, Kommentare. Reinbek 1981.

Finscher, Ludwig: Über den Kontrapunkt der *Meistersinger*. In: Das Drama Richard Wagners als musikalisches Kunstwerk. Hrsg. von Carl Dahlhaus. Regensburg 1970. S. 303–309.

Hanslick, Eduard: Die *Meistersinger* von Richard Wagner. In: Die moderne Oper. Berlin 1877. S. 292–305.

Jens, Walter: Ehrenrettung eines Kritikers: Sixtus Beckmesser. In: W. J.: Republikanische Reden. München 1976. S. 93–100.

Kunze, Stefan: Gegenfiguren: Walther von Stolzing und Beckmesser oder: Kunst und Antikunst. In: Bayerische Staatsoper. Programmheft zur Neuinszenierung von *Die Meistersinger von Nürnberg*. München 1979. S. 41–51.

Lorenz, Alfred: Der musikalische Aufbau von Richard Wagners *Die Meistersinger von Nürnberg*. (Das Geheimnis der Form bei Richard Wagner. Bd. III.). Berlin 1931. Nachdr. Tutzing 1966.

Mayer, Hans: *Meistersinger* ohne 19. Jahrhundert. In: H. M.: Anmerkungen zu Richard Wagner. Frankfurt a. M. 1966. S. 76–90.

– Parnass und Paradies. Gedanken zu den *Meistersingern von Nürnberg*. In: Bayerische Staatsoper. Programmheft zur Neuinszenierung von *Die Meistersinger von Nürnberg*. München 1979. S. 23–38.

Millington, Barry: Nuremberg Trial: Is there anti-semitism in *Die Meistersinger*? In: Cambridge Opera Journal 3 (1991) S. 247–260.

Müller, Franz: *Die Meistersinger von Nürnberg*. München 1869.

Reiß, Gunter: Schuhmacher und Poet dazu. Anmerkungen zur Kunst der Meister in Richard Wagners Meistersingerkomödie. In: Das Drama Richard Wagners als musikalisches Kunstwerk. Hrsg. von Carl Dahlhaus. Regensburg 1970. S. 277–298.

Stock, Richard Wilhelm: Richard Wagner und die Stadt der Meistersinger. Berlin/Nürnberg 1938.

Vaget, Hans Rudolf: »Der Jude im Dorn« oder: Wie antisemitisch sind *Die Meistersinger von Nürnberg*? In: Deutsche Vierteljahrsschrift für Literaturwissenschaft und Geistesgeschichte 69 (1995) H. 2. S. 271–299.

Voss, Egon: *Die Meistersinger von Nürnberg* als Oper des deutschen Bürgertums. In: E. V.: »Wagner und kein Ende«. Betrachtungen und Studien. Zürich/Mainz 1996. S. 118–144.

– »Es klang so alt, – und war doch so neu,« – Oder ist es umgekehrt? Zur Rolle des Überlieferten in den *Meistersingern von Nürnberg*. In: Ebd. S. 145–154.

– Die Entstehung der *Meistersinger von Nürnberg*. Geschichten und Geschichte. In: Ebd. S. 278–306.

– Keine »schwitzende« Musik. *Die Meistersinger von Nürnberg* nach der kritischen Ausgabe der Richard-Wagner-Gesamtausgabe. In: Ebd. S. 307 ff.

– Artikel *Die Meistersinger von Nürnberg*. In: Pipers Enzyklopädie des Musiktheaters. Bd. 6. München 1997. S. 582–590.

Nachwort

Wagner plante *Die Meistersinger von Nürnberg* ursprünglich als »komische Oper«. Die Textentwürfe von 1845 und 1861 weisen das Werk in diesem Sinne aus, aber schon das Textbuch von 1861/62, also die erste versifizierte Form des Textes, rückt von der Gattungsbezeichnung ab. Hier heißt es ebenso lapidar wie sachlich: »Die Meistersinger von Nürnberg / 3 Aufzüge«. Eine Zuordnung zu einem bestimmten Genre fehlt fortan in den Niederschriften und Ausgaben des Werks, was Wagner'scher Vorstellung und Intention vollauf entspricht. Wagner sah seine Bühnenwerke als opera sui generis, fernab von allen Gattungen und Genres. Dennoch führen die Werke bestimmte Untertitel, wie »Handlung« oder »Bühnenfestspiel«. Die *Meistersinger* sind das einzige Werk ohne solch eine spezifizierende Beigabe. Im Sinne der Zeitgenossen war das nicht; sie wollten wissen, woran sie waren. Bei der Münchner Uraufführung 1868 hieß das Werk darum auf dem Theaterzettel ganz herkömmlich »Oper«, was erstaunlich ist; denn diese Aufführung fand ja unter Wagners eigener Leitung statt. Jedoch war der Meister in der Praxis nie so streng, wie er sich in seinen theoretischen Äußerungen gab, und im vorliegenden Fall ging es ihm vermutlich vor allem darum, sein Werk nicht mit dem Genre der komischen Oper in Verbindung gebracht zu sehen.

Eine komische Oper im Sinne des Genres sind die *Meistersinger* in der Tat nicht. Allein die Tatsache, dass die Musik durchkomponiert ist, es also keine Nummern und keine zwischen die Nummern eingeschobenen gesprochenen Dialoge gibt, wie etwa in den Werken Albert Lortzings, ist Beleg genug. Zudem fehlt die für die komische Oper charakteristische Eigenschaft der Knappheit der Form. Die *Meistersinger* gehören mit ihrer Spieldauer von rund viereinhalb Stunden zu den längsten Werken Wagners, auch

Götterdämmerung und *Parsifal* sind nicht länger. Der Aus-
führlichkeit im Großen entspricht diejenige im Kleinen
oder Inneren. Für Wagner wog aber vermutlich schwerer,
dass die für die komische Oper konstitutive Leichtigkeit
des Tons mit einem Ernst gepaart ist, der Unbekümmert-
heit und naive Heiterkeit nicht mehr zulässt. Leichtigkeit
des Tons ist, wo immer sie in den *Meistersingern* erreicht
wird – und dass sie erreicht wird, steht außer Frage –, keine
Äußerung unmittelbar-unbefangener Lebensfreude, sondern das Resultat des mühevollen Durchgangs durch die
Schwere des Lebens. Sie ist erarbeitet, errungen, und die
Schwere daher im Hegel'schen Sinne in ihr »aufgehoben«.

  Auch wenn die *Meistersinger* keine »komische Oper«
sind und Wagner sich zu Recht von dem ursprünglichen
Untertitel trennte, so steht doch außer Frage, dass dieses
Werk der Gattung der Oper sehr viel näher steht als alle
anderen Werke, die Wagner nach *Tannhäuser* und *Lohengrin* geschrieben hat. Vielleicht hat sogar das Genre der komischen Oper hie und da Pate gestanden. Jedenfalls kehren
die *Meistersinger*, wie nicht nur das berühmte Quintett im
3. Aufzug »Selig, wie die Sonne / meines Glückes lacht«
(V. 2461 ff.) belegt, phasenweise zum Ensemble zurück, einem charakteristischen, wenn nicht konstitutiven Bestandteil gerade der komischen Oper. In seinen theoretischen
Schriften des Züricher Exils (1849 ff.) hatte Wagner das Ensemble als seiner neuen Bühnenkunst unangemessen ver-
worfen, und tatsächlich fehlt es bis auf Relikte in den danach geschaffenen Werken. Dass die *Meistersinger* es so
deutlich wieder aufgreifen, muss also seinen besonderen
Grund haben. Vermutlich war aber nicht nur das Sujet und
seine Nähe zum Genre der komischen Oper von Belang,
sondern ebenso die Tatsache, dass Wagner bewusst ein po-
puläres Stück schreiben wollte. Die *Meistersinger* verdan-
ken sich auch einem Zugeständnis ans Publikum.

  Das musikalische Konstituens der *Meistersinger* ist das
Lied. In einem musikalischen Bühnenwerk, in dem ständig

von Liedern die Rede ist und dessen Handlung sogar von Liedern bestimmt wird, muss sich auch die Musik auf das Lied einlassen. Wagner tut dem Genüge etwa durch das berühmte Preislied Walther von Stolzings (V. 2011 ff. / 2741 ff.) oder das Schusterlied des Hans Sachs (V. 1314 ff.), um die markantesten Beispiele zu nennen. Daneben gibt es Lieder von geringerem Umfang wie beispielsweise Walthers »Am stillen Herd« (V. 569 ff.) oder Davids so genanntes Sprüchlein »Am Jordan Sankt Johannes stand« (V. 1819 ff.). Als es nach der Fertigstellung des Werks darum ging, die Musik optimal, nämlich möglichst vielfältig, zu vermarkten, ließen sich mühelos 14 Einzelnummern aus dem Ganzen herauslösen,[1] was sich in dieser Weise weder beim *Ring des Nibelungen* noch bei *Tristan* und *Parsifal* bewerkstelligen ließ. In dieser Hinsicht erinnern die *Meistersinger* an *Tannhäuser*, ebenfalls ein Stück, in dem das Lied eine dramaturgisch wichtige Rolle spielt, und nicht zufällig sind die *Meistersinger* entstehungsgeschichtlich auf *Tannhäuser* bezogen (s. S. 199).

Es sind aber nicht nur ganze, also vollständige Lieder, die die Musik der *Meistersinger* kennzeichnen, sondern auch gleichsam Liedteile, Melodiewendungen oder -phrasen, die wie die Zeilen eines Liedes wirken, und es ist schließlich ganz allgemein der liedhafte Tonfall, von dem die Musik durchsetzt erscheint. Nie allerdings treten die Lieder oder das Liedhafte in unmittelbarer Einfachheit, naiv auf, immer sind sie transponiert auf die Ebene des Musikdramas und seiner musikalischen Sprache. Wagners Kompositionsentwürfe zeigen, dass die scheinbare Einfachheit der Lieder nicht etwa aus Komplizierterem entwickelt wurde, sondern im Gegenteil sehr einfache Einfälle am Anfang standen, aus denen dann kompliziertere Formen und

---

1 Vgl. John Deathridge / Martin Geck / Egon Voss, *Wagner-Werk-Verzeichnis* (WWV); *Verzeichnis der musikalischen Werke Richard Wagners und ihrer Quellen*, Mainz 1986, S. 482 (WWV 96 MUSIK XVIb).

Wendungen gewonnen wurden.[2] Offenkundig war Wagner bestrebt, keinen Bruch zwischen Lied und Musikdrama entstehen zu lassen. So mussten sich die Lieder der Prosa des Musikdramas annähern und umgekehrt der sinfonische Ton den Tonfall des Liedes in sich aufnehmen.

Es versteht sich von selbst, dass der Begriff des Liedes weit gefasst ist; er bezieht das Kirchenlied, den Choral mit ein. Ausgehend vom Anfangschor »Da zu dir der Heiland kam« (V. 1 ff.), durchziehen choralhafte Wendungen das gesamte Werk. Dieser Anfangschor ist zugleich ein anschauliches Beispiel für Wagners Umgang mit festen vorgegebenen Formen wie Lied und Choral. Wagner präsentiert sie nicht als geschlossene Gebilde, also Zeile für Zeile oder Strophe für Strophe, er bricht sie vielmehr durch Einfügungen zwischen den Zeilen oder Strophen auf. So folgen die Zeilen des Anfangschorals nicht unmittelbar aufeinander, sondern schließen immer erst nach einem Zwischenspiel an. Diese Zwischenspiele beziehen sich jedoch nicht auf den Choral und diejenigen, die ihn singen, sondern auf das Geschehen, das gleichzeitig abläuft, den Tausch der Blicke zwischen Eva und Walther. Die musikalische Form wird zugunsten der Integration des dramatischen Geschehens gleichsam gedehnt und geweitet oder sogar – streng betrachtet – aufgelöst. Wagners Ziel ist eine übergeordnete dramatisch-musikalische Form, die ihren Ausgang zwar von einem festen musikalischen Modell nimmt, dieses dann aber im Sinne von Drama und Dramaturgie verändert. So ziehen sich die Strophen des Schusterliedes über eine ganze Szene hin, und die Motivation für Singen, Nichtsingen oder Abbrechen (V. 1459) entspringt allein der Handlung.

Der Beziehung zum Choral, zum protestantischen Kirchenlied korrespondiert eine Tendenz zu Kontrapunkt und

2 Egon Voss, »>Es klang so alt, – und war doch so neu,‹ – Oder ist es umgekehrt? Zur Rolle des Überlieferten in den *Meistersingern von Nürnberg*«, in: E. V., *»Wagner und kein Ende«. Betrachtungen und Studien*, Zürich/Mainz 1996, S. 151 ff.

barocker Figuration. Berühmt ist die Kombination dreier Hauptthemen im Reprisenteil des Vorspiels, ebenso berühmt die so genannte Prügel-Fuge am Ende des 2. Aktes. Wagner verwendet diese Techniken jedoch nicht, um die eigene Fertigkeit unter Beweis zu stellen, sondern stets als Mittel zum Zweck, als Mittel des Ausdrucks und der Darstellung. Es geht darum auch stets mehr um den Schein von Kontrapunkt als um diesen selbst. Er dient der Erzeugung einer Atmosphäre des Handwerklich-Soliden, Gediegen-Althergebrachten und Behaglich-Wohlvertrauten. Zugleich aber stehen Kontrapunkt und barocke Figuration für das Altertümliche, Zurückgebliebene und darum auch Lächerliche. Nicht zufällig sind es die Meister und ihre Riten, die mit diesen Mitteln charakterisiert werden. Dass sie nicht auf der Höhe der Zeit sind, veranschaulicht die Musik Walthers, insbesondere sein Probelied »Fanget an!« aus dem 1. Akt (V. 675 ff.). Walthers Musik ist frei von aller Formelhaftigkeit, individuell und expressiv bis zum Bruch mit aller Tradition. Ihr gehört Wagners Sympathie, sie bildet den Gegenpart, den »Kontrapunkt« zur Musik der Meister.

Kontrapunkt und barocke Figuration tendieren entsprechend ihrer vornehmlichen Aufgabe, die Welt der Meister zu kennzeichnen, zur Parodie, wie überhaupt die Parodie ein charakteristisches Merkmal der *Meistersinger* ist. Auch hier folgt Wagner der Dramaturgie. Beckmessers Ständchen mit Hans Sachs als Merker im 2. Akt parodiert Walthers Auftritt vor den Meistern im 1. Akt, die Taufe von Walthers neuem Lied im 3. Akt die christliche Taufe, von der im Anfangschoral die Rede ist, Davids Auftritt im 1. Akt das Bild von David, dem Bezwinger Goliaths, wie es Eva gerade beschreibt (V. 80 ff.). Entsprechend verhält sich die Musik. Bei der Liedtaufe etwa greift auch die Musik auf den Anfangschoral zurück, zitiert ihn aber nicht nur, sondern wendet ihn durch die Veränderung von Tempo und Satzstruktur unmissverständlich ins Heiter-Ironische. Eine ähnliche Parodie begegnet schon im Vorspiel, wenn das

gravitätische Hauptthema des Beginns im Mittelteil in ver-
kürzten Notenwerten und spitzen Holzbläsertönen wiederkehrt. An solchen Umformungen der musikalischen
Charaktere ist die Partitur der *Meistersinger* reich, und es
ist gerade diese Art der Variation, durch die sich die Musik
dieses Werks von jener der anderen so genannten Musikdramen Wagners unterscheidet. Prinzipiell nämlich verfährt
Wagner nicht anders als dort. Auch die *Meistersinger* ver-
wenden ein Reservoir von regelmäßig wiederkehrenden
Themen, die so genannten Leitmotive, die von einem sinfo-
nischen Orchestersatz getragen werden. Das Orchester der
Meistersinger ist allerdings deutlich kleiner als das der anderen Musikdramen – Reflex sicherlich der Tatsache, dass
die Diktion, die Art des Textvortrages, eine andere ist. Un-
verkennbar tendiert Wagner in der Deklamation zum leich-
ten oder doch leichteren Tonfall. Die Nähe der Handlung
zur Realität der alltäglichen Dinge und die geringere Fall-
höhe der Personen verlangen geradezu nach dem Konver-
sationston. Er ist selbstverständlich weit entfernt von itali-
enischem Parlando, wie man es aus der opera buffa Rossinis
kennt, hat jedoch eine vergleichbare Zielrichtung und ist
möglicherweise auch von dort inspiriert. Wagner war ein
Verehrer des *Barbiere di Siviglia*.

Der Handlung der *Meistersinger* liegt eine alte Lustspiel-
konstellation zugrunde: Eine reiche junge Frau, Eva, wird
von zwei Männern umworben, einem jungen, Walther von
Stolzing, und einem alten, Beckmesser. Der alte hat zunächst die besseren Karten, aber der junge, dem wie selbstverständlich die Liebe der jungen Frau gilt, ist am Ende der
Glückliche. Damit das gelingt, bedarf es einer Intrige, für
die, wie üblich, nicht das Liebespaar selbst zuständig ist,
sondern ein wohlwollender Helfer. Als dieser erweist sich
Hans Sachs. Er nimmt die Fäden in die Hand und lenkt das
Geschehen zum guten Ende. Er wird damit zur Hauptper-
son, vergleichbar dem Figaro in Rossinis erwähntem *Bar-*

biere, der jedoch selbst in die zentrale Handlung, die Liebesgeschichte von Graf Almaviva und Rosina, nicht einbezogen ist. Im Unterschied zu Figaro ist Hans Sachs direkt involviert. Auch er nämlich liebt Eva, und nur die Einsicht in die Unvernünftigkeit dieser Liebe bringt ihn dazu, ihr nicht nachzugeben. Der Gewinn dieser Einsicht ist ein Prozess, den die Handlung vorführt. Als Sachs merkt, dass Evas Liebe dem jungen Walther von Stolzing gilt, gerät er – darin ganz traditioneller Rivale – in Eifersucht. Dies umso mehr, als Eva ihm, dem väterlichen Freund und Vertrauten, die Wahrheit über ihre Gefühle verschweigt, die sie gleichwohl nicht zu verbergen vermag; stattdessen macht sie ihm Avancen und fordert ihn auf zur Teilnahme am Wettsingen, dessen Preis sie ist. Wenn sie schon – dies ihr Gedanke – heiraten muss, wie ihr Vater es festgesetzt hat, und der wahre Geliebte unerreichbar scheint, dann ist ihr Hans Sachs sehr viel lieber als Beckmesser, dessen Sieg beim Wettsingen zu erwarten ist. Sachs reagiert schroff und abweisend, so dass der Plan des Liebespaars zur Flucht aus Nürnberg die logische Folge ist. Wenn Sachs später diese Flucht verhindert, so verhindert er nur etwas, was er selbst initiiert hat. Es ist ein Zeichen seiner beginnenden Einsicht. Zunächst aber singt er seinen ganzen Unmut in seinem Schusterlied aus, das sich zwar vordergründig auf die Eva der Schöpfungsgeschichte bezieht, untergründig aber die Eva der Handlung meint. Dann treibt er sein böses Spiel mit dem anderen Rivalen, Beckmesser, dessen Ständchen er verdirbt und den er, freilich ohne es zu wollen, auch noch den Schlägen seines Lehrbuben David aussetzt – auch dies im Übrigen eine Folge von Eifersucht; denn David glaubt, Beckmessers Ständchen gelte Magdalene, die an Evas Stelle am Fenster ist. Schließlich gerät das Geschehen gänzlich außer Kontrolle, es kommt zur allgemeinen Schlägerei. Sachs muss erkennen, wie gefährlich und zerstörerisch die Leidenschaften sind, das, was er den »Wahn« nennt. Die Konsequenz seiner Einsicht ist Resignation, Verzicht, aber auch der Versuch, den Wahn zu lenken (V. 1904). Sachs ist also, um noch einmal den Vergleich mit Rossinis *Barbiere* zu ziehen, kein Figaro von Anfang an, sondern er wird erst dazu.

Mit Sachs' und Beckmessers Liebe zu Eva wird die Liebe alter Männer zu jungen Frauen thematisiert, der so genannte Johannistrieb. Während Sachs, wie gezeigt, zur Einsicht in die Vergeblichkeit und Unvernünftigkeit solcher Leidenschaft gelangt, bleibt Beckmesser als seinem diesbezüglichen Gegenpol diese Erkenntnis versperrt. Er verrennt sich derart in seine Vernarrtheit, dass er sich lächerlich und gesellschaftlich untragbar macht. Nur so ist sein Verhalten erklärbar, das ihm als Ratsherren und Stadtschreiber, als intellektuellem Kopf der Meistersinger selbstverständlich nicht zuzutrauen ist. Nur die Liebe, wie sie der Johannistrieb dem Menschen aufzwingt, löst solche Blindheit aus. Dass die Handlung am Johannistag und dessen Vorabend spielt, ist mit Bedacht gewählt.

Wagner behandelt das Thema der Liebe alter Männer zu jungen Frauen im Gegensatz zu Lustspiel und komischer Oper nicht mit der dort gebräuchlichen Leichtigkeit. Diese Liebe ist nicht bloß menschlich-allzumenschlich, harmlos in des Wortes eigenster Bedeutung, sondern ein Geschick voller Pathos. Es ist ganz und gar nicht zum Lachen. Auch in den *Meistersingern* leiden die Protagonisten an der Liebe, die als blinder, aber allmächtiger Geschlechtstrieb – als Wille, um es mit Schopenhauer zu sagen – die Menschen geißelt. Dieser zutiefst pessimistischen Auffassung entsprechend tragen Sachs wie Beckmesser tragische Züge. Wenn Beckmesser auf der Festwiese sein Lied singt, ertönt vor dem zweiten Stollen »Wohn' ich erträglich im selbigen Raum« (V. 2671) jenes melancholische Motiv, mit dem das Vorspiel zum 3. Akt und der so genannte Wahn-Monolog (V. 1855 ff.) beginnen. Nach Wagners eigenem Verständnis bezeichnet das Motiv den Wahn, eben jenen blinden Willen, als dessen Opfer man Beckmesser zu verstehen hat.

Wer der Semantik musikalischer Motive eher misstraut, wird so viel konstatieren, dass hier ein Motiv im Zusammenhang mit Beckmesser auftritt, das sonst nur in Verbindung mit Hans Sachs erscheint. Die Musik konstituiert eine Gemeinsamkeit zwischen den sonst so konträren Personen, und dass diese eher mit Trauer als mit Freude zu tun hat, bringen Gestus und Tonfall des Motivs deutlich zum Ausdruck. Wagner lässt das Motiv auch schon bei Beckmessers pantomimischem Auftritt in der Schusterstube ertönen, einem Kontext, in dem man es ebenfalls nicht erwartet. Sein Wiederaufgreifen innerhalb von Beckmessers Lied auf der Festwiese erscheint daher wohl vorbereitet. Im Übrigen gilt die Vorstellung von der Liebe als einem Zwang nicht nur für die alten Männer, sondern ebenso für das junge Paar, Eva und Walther. Eva sagt zu Hans Sachs: »denn, hatte ich die Wahl, / nur dich erwählt' ich mir: / du warest mein Gemahl, / den Preis nur reicht' ich dir! – / Doch nun hat's mich gewählt / zu nie gekannter Qual:« (V. 2410 ff.), und noch deutlicher: »Das war ein Müssen, war ein Zwang!« (V. 2418).

Die Liebe der Alten zu den Jungen wird in der Nebenhandlung parodiert: die alte Amme, Magdalene, liebt den Lehrbuben, David, und dieser erwidert diese Liebe wie selbstverständlich. Das Glück zwischen Alt und Jung, das sich in der Haupthandlung nicht einstellen will, scheint hier ohne Schwierigkeiten zu gelingen. Bezeichnend aber ist, dass dies auf der Ebene des niederen Paares geschieht, der Ebene einer Naivität, der die wesentlichen Lebensprobleme fremd zu bleiben scheinen. Die Konfrontation des Alten mit dem Jungen ist darüber hinaus ein zentrales Thema der Handlung insgesamt. Die Auseinandersetzung zwischen Walther von Stolzing und den Meistersingern ist auch, wenn nicht vor allem jene zwischen Jung (oder Neu) und Alt. Dabei erscheint insbesondere Beckmesser als der Vertreter einer zutiefst konservativen Haltung, die über der Sorge um die Bewahrung der Tradition die Einsicht in die

Notwendigkeit von deren steter Erneuerung und Verleben-
digung verloren hat. In Beckmesser, der ursprünglich in
Anspielung auf den Wiener Rezensenten Eduard Hanslick
den Namen Veit Hanslich tragen sollte, brandmarkte
Wagner die Kritik seiner Zeit, von der er sich unverstanden,
missachtet und verfolgt fühlte. Zwar zeigt die schließliche
Änderung des Namens an, dass Wagner der aktuelle Zeit-
bezug nicht wesentlich war; dennoch artikulieren die
Meistersinger auch das Bild Wagners von seiner eigenen
Situation.

In künstlerisch-ästhetischer Beziehung stehen die Meistersinger für das Alte und Walther von Stolzing für das
Neue. Politisch-gesellschaftlich verhält es sich eher umgekehrt. Insofern Walther dem Adel angehört, repräsentiert
er das Alte, während die Meistersinger als die Bürger das
Neue und Moderne darstellen. Nicht die Bürger streben,
wie es ehemals war, zum Adel als der herrschenden Schicht,
sondern der Adlige, Walther, kommt nach Nürnberg, um
ein Bürger zu werden; denn mittlerweile hat das Bürgertum
den Adel in der Herrschaft abgelöst. Was Walther in Nürnberg erlebt, was ihm widerfährt, lässt sich als eine Einfüh-
rung ins Bürgertum verstehen. Das gilt besonders für die
Lehrstunde, die er bei Sachs in der Schusterstube absol-
viert. Vordergründig erhält er eine Lektion im Meistergesang, doch zugleich ist es, da Sachs die Regeln des Singens
als Reflexe des Lebens begreift, ein Unterricht in bürgerli-
chem Lebensverständnis. So unmissverständlich Sachs für
Walther Partei ergreift, auch gegen seine Kollegen in der
Meistersingerzunft, so zweifellos hält er an der Institution
als solcher fest. Sie garantiert bei allen Fehlern und Unzu-
länglichkeiten, die sie aufweist, eine Ordnung im Chaos,
einen Schutzwall gegen die zerstörerischen Tendenzen des
Wahns, welche Gesellschaft unmöglich machen, oder, mit
Brecht zu sprechen, das, woran man sich halten kann. Mag
Wagners Blick auf das Bürgertum nicht ohne Skepsis sein,
grundsätzlich in Frage gestellt wird es nicht.

Ein zentrales Thema der *Meistersinger* ist die Kunst oder genauer die Frage, was die wahre Kunst sei. Die Meister vertreten entsprechend ihren Metiers die handwerkliche Seite, eine Auffassung, nach der der Künstler eine genau festgelegte Ausbildung zu durchlaufen und sich an ein ebenso bestimmtes Regelwerk zu halten hat. Ihnen tritt in Walther ein Autodidakt und Naturtalent entgegen, das Genie, das den Regeln seine Originalität entgegensetzt. Dass Walther angesichts dieser Konstellation beim Probesingen scheitert, versteht sich von selbst und bedarf der Voreingenommenheit Beckmessers gar nicht. Der Wildwuchs von Walthers Gesang erscheint auch Hans Sachs, so sehr ihn Walthers Talent einnimmt, als unzulässig, als Überschwang, der zwar aus der Situation des Sängers erklärbar und verständlich, für den Kunstrichter jedoch ein schwerwiegendes Manko ist (vgl. V. 1945 ff.). Der Überschwang bedarf der Zähmung, der Wildwuchs der Beschneidung, und dies besorgen die Meisterregeln. Zentral und wesentlich ist jedoch, dass Überschwang und Wildwuchs überhaupt vorhanden sind; denn in ihnen steckt die Unmittelbarkeit des Lebens, eine Kunst aber ohne dieses Ingredienz ist keine Kunst. Beckmesser repräsentiert demgegenüber eine Ästhetik des Artifiziellen, der Kunst als Bereich außerhalb des Lebens. Er ist ein Virtuose der Künstlichkeit, und eines seiner großen Missverständnisse ist, dass er glaubt, mit einem Kunstgesang, wie er ihn beherrscht, das Herz einer jungen Frau ersingen zu können. Er muss scheitern, da der Bezug zum Leben fehlt, die Unmittelbarkeit der Gefühle. Erst recht gilt dies für seinen Auftritt auf der Festwiese. Er meint, mit einem fremden Lied reüssieren zu können. Dass er dieses Lied nicht versteht und entsetzlich verballhornt, soll nichts anderes veranschaulichen, als dass wahre, authentische Kunst nur in der Unmittelbarkeit des Ausdrucks möglich ist und sich daher nicht kopieren lässt. Die Unverwechselbarkeit ist ihr Wesensmerkmal.

Für das Sujet der *Meistersinger* gibt es keine unmittelbare Vorlage, es ist Wagners Erfindung. Das unterscheidet die *Meistersinger* von allen übrigen Bühnenwerken Wagners. Es bedeutet jedoch nicht, dass Wagner nicht auch hier zahlreiche Details, Handlungsmotive und Personenkonstellationen, übernommen hat. Zu seinen Quellen gehören, um die wichtigsten zu nennen, die Novellen *Meister Martin der Küfner und seine Gesellen* und *Signor Formica* aus den *Serapions-Brüdern* von E.T.A. Hoffmann. Mit Hoffmanns Werken war Wagner seit seiner Jugend vertraut. Des Weiteren gehört dazu das Dramatische Gedicht *Hans Sachs* von Johann Ludwig Deinhardstein, einem in der ersten Hälfte des 19. Jahrhunderts häufig aufgeführten Autor (erste Aufführung 1827 am Wiener Burgtheater; Buchausgabe Wien 1829). Wagner lernte dieses Stück spätestens während seiner Kapellmeisterzeit in Magdeburg kennen, wo es 1835 auf dem Spielplan stand. Ob er auch Deinhardsteins Dramatisierung von Hoffmanns genannter Novelle *Signor Formica* unter dem Titel *Salvator Rosa* kannte, ist dagegen nicht sicher. Albert Lortzings *Hans Sachs*-Oper, die auf dem Werk von Deinhardstein fußt, kann ihm aber kaum entgangen sein. Eine Aufführung dieser Oper hat er jedoch nach den erhaltenen Zeugnissen nicht erlebt. Auf die historischen Meistersinger machte ihn zunächst Hoffmanns *Meister Martin* aufmerksam. Weitere Kenntnis erwarb er sich dann aus Jakob Grimms *Ueber den altdeutschen Meistergesang* (Göttingen 1811) sowie aus Georg Gottfried Gervinus' *Geschichte der poetischen National-Literatur der Deutschen* (Leipzig 1835–42). Beide Werke sind Bestandteile seiner noch erhaltenen Dresdener Bibliothek, die er sich während der Jahre 1842–49 aufbaute.[3] Später, 1861, kam als zentrale Quelle noch Johann Christoph Wagenseils berühmte Darstellung in seinem *Buch von der Meister-Singer*

---

3 Curt von Westernhagen, *Richard Wagners Dresdener Bibliothek 1842–1849*, Wiesbaden 1966, Nr. 33 und 46.

holdseligen Kunst hinzu, das dieser seiner Chronik der Stadt Nürnberg als Anhang beigegeben hatte (*De Sacri Rom. Imperii Libera Civitate Noribergensi Commentatio*, Altdorf 1697). Aus diesem Werk entnahm Wagner unter anderem die Namen der Meister, vor allem aber das Regelwerk der Meistersingerzunft. Die Formulierungen seines Textbuches sind stellenweise nichts anderes als Paraphrasen dessen, was er bei Wagenseil vorfand.[4] Zu nennen ist schließlich noch das Spruchgedicht *Die Wittenbergisch Nachtigall* des historischen Hans Sachs, dem Wagner die Verse des »Wach auf«-Chores aus der Schlussszene entnahm (V. 2581 ff.). Dies geschah allerdings erst, nachdem die Melodie des Chores bereits gefunden war.

Wagner stellte es später so dar, als hätten die *Meistersinger* das Satyrspiel zur Tragödie *Tannhäuser* sein sollen, dessen Textbuch 1843 fertig und dessen Partitur im April 1845 abgeschlossen war. Wann diese Idee entwickelt wurde, ist unbekannt. Fest steht nur, dass Wagner im Juli 1845 bei einem Kuraufenthalt in Marienbad einen ersten Textentwurf in Prosa niederschrieb, der den Titel »Die Meistersinger. Kom. Oper in 3 Acten« trägt und am Ende mit »16 Juli 1845« datiert ist.[5] Zu mehr kam es aber nicht, und in seiner 1851 geschriebenen *Mitteilung an meine Freunde* begründete Wagner dies damit, dass die Zeitumstände die Komposition einer komischen Oper nicht zugelassen hätten. Dieser Zustand dauerte offenkundig an, und möglicherweise hätten die *Meistersinger* nie das Rampenlicht der Bühne erblickt, wäre Wagner nicht im Herbst 1861 wieder einmal in so arge Geldnöte geraten, dass er genötigt war, seinem neuen Verleger, Franz Schott in Mainz, ein Projekt anzubieten, das schnelle Realisierung und weite Verbreitung versprach. Eine komische Oper schien dazu besonders ge-

4 Voss (s. Anm. 2), S. 147 f.
5 Wiedergabe des Prosaentwurfs von 1845 in: Richard Wagner, *Sämtliche Schriften und Dichtungen. Volksausgabe*, Leipzig [o. J.], Bd. 11, S. 344–355.

eignet; denn nach traditioneller Vorstellung war das komische Genre einfach im Anspruch an Ausführende und Publikum, darum auch rasch zu verwirklichen, und darüber hinaus gezielt aufs Populäre gerichtet. Die neuen Prosaentwürfe, deren zweiter am 18. November 1861 in Wien abgeschlossen wurde, tragen daher ganz bewusst den Untertitel »grosse komische Oper«.[6] Am 2. Dezember las Wagner diesen Entwurf im Hause seines Verlegers in Mainz vor und erreichte einen Vertragsabschluss. So konnte in unmittelbarem Anschluss das Textbuch entstehen, das Wagner in Paris schrieb und am 25. Januar 1862 beendete.[7] Kaum war es fertig, da trug Wagner es schon seinem Verleger vor, am 5. Februar 1862, wiederum in Mainz, und die einmal ausgelöste Schaffenseuphorie ließ ihn im Anschluss auch sogleich an die Komposition gehen.

Schon während der Aufzeichnung des Textbuchs, also der versifizierten Gestalt des Textes, waren Wagner einzelne musikalische Motive eingefallen, so der »Wach auf« – Chor, der zu den frühesten Musiknotaten des Werks gehört.[8] Wagner selbst behauptete später, er habe schon auf einer Bahnfahrt von Venedig nach Wien Anfang November 1861 »mit größter Deutlichkeit den Hauptteil der Ouvertüre in C-dur konzipiert«[9], doch sind entsprechende Niederschriften nicht überliefert. Auch weckt die Tatsache, dass zu diesem »Hauptteil der Ouvertüre in C-dur« ein Motiv gehört, das Wagner erst nach Abschluss seiner Reise kennen lernte, Zweifel an der Wahrheit seiner Darstellung. Das so genannte König-David-Thema geht auf einen alten Meistersinger-Ton zurück, den das genannte Buch von Wagenseil mitteilt; Wagenseils Buch aber lernte Wagner erst nach seiner Rückkehr nach Wien kennen, übrigens durch Ver-

6 Wiedergabe der Prosaentwürfe von 1861 in: ebd., S. 356–394.
7 Faksimilewiedergabe der Reinschrift: Mainz 1983.
8 Voss (s. Anm. 2), S. 153.
9 Richard Wagner, *Mein Leben*, hrsg. von Martin Gregor-Dellin, München 1976, S. 684.

mittlung des Komponisten Peter Cornelius. Immerhin aber begann Wagner die kompositorische Arbeit mit der Ouvertüre, die zwischen dem 13. und 20. April 1862 skizziert und im Sommer 1862 instrumentiert wurde. Wie bei allen Werken seit dem *Lohengrin* trägt das Stück den Titel »Vorspiel«. Bis zum Sommer 1862 gedieh auch noch ein großer Teil der Komposition des ersten Aktes, doch dann begann die Phase der Unterbrechungen, die nahezu vier Jahre umfasste. Einmal verhinderte eine Verletzung der rechten Hand durch einen Hundebiss die Fortsetzung der Komposition, dann waren Konzerte zu dirigieren, die jenes Geld einbringen mussten oder doch sollten, das der Verleger nicht mehr vorschießen wollte. Schließlich kam die Berufung durch Ludwig II. von Bayern nach München und damit die Möglichkeit, endlich *Tristan und Isolde* zur Aufführung zu bringen und endlich wieder an den liegen gebliebenen *Ring des Nibelungen* zu gehen, dem vor allem auch des Königs Interesse galt. Zwar machte Wagner, wie der Vermerk von Daten in den Niederschriften belegt, immer wieder den Versuch, die Komposition der *Meistersinger* fortzusetzen, etwa in Penzing bei Wien im Juni 1863 oder in Starnberg im September 1864, doch blieb dies Stückwerk. Kontinuierliche Arbeit an den *Meistersingern* gab es erst wieder im Jahre 1866, nachdem Wagner Bayern hatte verlassen müssen.

Diese »Vertreibung« aus München war fraglos der unmittelbare Anlass für Wagner, die Komposition der *Meistersinger* wieder aufzunehmen und zum Abschluss zu bringen. Im November und Dezember 1865 noch hatte ihn die Partitur des *Siegfried* beschäftigt, also die von Ludwig II. so sehr gewünschte Fortsetzung der Arbeit am *Ring des Nibelungen*. Hier weiterzumachen, hätte bedeutet, dem König zu willfahren, von dem Wagner naturgemäß enttäuscht war, da dieser ihn nicht gegen den Druck von Politik und Öffentlichkeit hatte in München halten können. Sich ostentativ den *Meistersingern* zuzuwenden, dem so eminent und unverhohlen bürgerlichen Stück, war dagegen wie ein Protest.

Am 10. Dezember 1865 hatte Wagner München verlassen, am 12. Januar 1866 nahm er in der Nähe von Genf, wohin es ihn verschlagen hatte, die Arbeit an den *Meistersingern* wieder auf, die nun in kontinuierlichem Fortschreiten bis zum Herbst 1867 fertig gestellt wurden. Wagner komponierte seinen Text anhand eines Exemplars der ersten Druckausgabe, die Ende 1862 herausgekommen war, nicht nach seiner Handschrift. Das führte zu dem kuriosen Sachverhalt, dass er einen Druckfehler vertonte. Im Druck war Evas Ausruf »Ach, neue Not!« (V. 1301) durch eine Fehllesung zu »Ach, meine Not!« geworden, was Wagner in die Komposition übernahm, obwohl es wenig Sinn ergibt. Indessen ist es nicht die einzige Stelle, an der die offenkundige Konzentration auf die Musik die Aufmerksamkeit für den Text verdrängte.

Bis zum 23. März 1866 kam die Partitur des 1. Aktes zum Abschluss, im Mai und Juni schloss sich die Niederschrift des 2. Aktes in den Kompositionsentwürfen an, Anfang Oktober die des dritten. Kompositorisch war der 2. Akt im September 1866 fertig, der 3. Akt Anfang März 1867. Mit der Instrumentation begann Wagner erst im März 1867, so dass die Partitur des 2. Aktes am 22. Juni, die des 3. Aktes und damit des gesamten Werks am 24. Oktober 1867 abgeschlossen wurde.

Als das Werk zur Uraufführung kam, war es partiell schon bekannt. Wagner hatte, wie erwähnt, 1862 das Textbuch veröffentlicht, das freilich danach noch eingreifende Änderungen erfuhr. In der Fassung von 1862 nämlich hat Walthers Preislied noch einen anderen Text, und auch die berühmt-berüchtigte Schlussansprache des Hans Sachs ist dort noch jene Passagen, in denen Sachs das Nürnberger Volk vor »welschem Dunst mit welschem Tand« warnen zu müssen glaubt (V. 2841). Bekannt und veröffentlicht war auch schon das Vorspiel, das Wagner selbst im November 1862 im Leipziger Gewandhaus zur ersten Aufführung gebracht hatte. Darüber hinaus waren auch schon der Aufzug der Meister aus dem 1. Akt mit der anschließenden Ansprache Pogners (V. 391 ff.) sowie das Schusterlied des Hans Sachs aus dem 2. Akt in Konzerten erklungen. Die Uraufführung des gesamten Werks fand am 21. Juni 1868 im Königlichen Hof- und National-Theater in München statt. Wagner selbst hatte die künstlerische Leitung, blieb aber offiziell im Hintergrund. Auf dem Theaterzettel firmierte als Regisseur Reinhard Hallwachs, der Dirigent war Hans von Bülow. Die Aufführung fand Wagners Beifall, er rühmte sie später als eine der besten, die er je von einem seiner Werke erlebt habe.

Das Werk war von Beginn an ein Erfolg, die *Meistersinger* gehören zusammen mit den romantischen Opern *Der fliegende Holländer*, *Tannhäuser* und *Lohengrin* zu Wagners bekanntesten und beliebtesten Werken. Die Popularität, die 1861 zumindest partiell intendiert war, wurde also eingelöst, wenn auch gewiss nicht in der traditionellen Weise, in der sich der Verleger es wahrscheinlich vorgestellt hatte. Die *Meistersinger* wurden weniger als komische Oper rezipiert denn als deutsche Fest- und Nationaloper. Daran hat sich bis in die Gegenwart hinein wenig geändert. Wie weit die Identifizierung des Publikums mit dem deutschen Selbstverständnis des Stücks reicht, haben all jene erfahren müssen, die es wagten, das Werk aus dieser Rolle zu befreien, wie etwa Wieland Wagner mit seiner Bayreuther Inszenierung von 1956, die auf so breite Ablehnung stieß, dass der Regisseur sich veranlasst sah, sein Konzept zu entschärfen. Andererseits ist auffällig, dass den Regisseuren zu diesem Werk wenig eingefallen ist und auch das moderne Regietheater kaum neue Akzente zu setzen vermochte. Bei Lichte besehen reproduzieren die Aufführungen landauf, landab die Sicht der Uraufführung, die durch die erste Bayreuther Aufführung von 1888 Vorbildfunktion für Generationen hatte. Die Festlegung auf die deutsche Fest- und

Nationaloper gipfelte in der Vereinnahmung durch die Nationalsozialisten, die das Werk zum festen Bestandteil der Inszenierung ihrer Nürnberger Reichsparteitage machten. Im Jahre der »Machtergreifung«, 1933, hatte Joseph Goebbels die Aufführung bei den Bayreuther Festspielen dazu benutzt, in einer Rundfunkansprache das Werk als Prophezeiung der deutschen Wiedergeburt zu preisen, für welche der Nationalsozialismus den Weg in den Faschismus ausgab.[10] Aus dem »Wach auf« bei Wagner wurde kurzerhand ein »Wacht auf« und damit ein direkter Appell ans Volk. Die Lösung des Werks auch aus diesen Zusammenhängen ist bis heute nicht gelungen; denn eine Deutung, die in dem Werk nur nationalistisch-chauvinistischen Geist am Werke sieht, Beckmesser als Darstellung eines Juden versteht und aus der Prügelei am Ende des 2. Aktes ein Pogrom macht, schießt übers Ziel hinaus und wird dem Stück, vor allem seiner Musik, nicht gerecht. Die *Meistersinger von Nürnberg* sind noch zu entdecken.

Wagner hat seine Texte bei der Komposition regelmäßig verändert. Gesungen wird folglich nicht durchweg das, was im Textbuch steht. Die Konsequenz könnte daher heißen, einer Neuausgabe wie der vorliegenden den Wortlaut der Partitur zugrunde zu legen. So folgerichtig und einleuchtend das auf den ersten Blick erscheint, so problematisch, wenn nicht falsch ist es. Die Veränderungen am Wortlaut sind nur eine und vor allem nicht die wichtigste Form von Veränderung, die der Text durch die Komposition erfährt. Gemeint ist die präzise Festlegung des Rhythmus, die unabhängig von Partitur oder Klavierauszug nicht darstellbar ist. Das Nämliche gilt für die Gestalt, die der Text in En-

10 Vgl. Joseph Goebbels, »Richard Wagner und das Kunstempfinden unserer Zeit«, in: Die Musik 25 (1933) H. 12. Wiedergegeben in: Attila Csampai / Dietmar Holland, *Richard Wagner. »Die Meistersinger von Nürnberg«. Texte, Materialien, Kommentare*, Reinbek 1981, S. 194–199.

semblestellen durch die Komposition erhält. Die lineare
Form üblicher Textwiedergabe wird mehrstimmiger Vertonung, sofern diese nicht homorhythmisch ist, nicht gerecht.
Wie weitreichend die Veränderungen sein können, die der
Text bei der Komposition über sich ergehen lassen muss,
veranschaulicht die Schlussszene des 2. Aktes, weshalb deren Partiturtext gesondert im Anhang wiedergegeben werden muss (s. S. 167–179). Ebenfalls nicht darstellbar ist der
unmittelbare Bezug von Regiebemerkungen zur Musik, der
Wagner so besonders wichtig war. Wenn es in den *Meistersingern* in der Schlussszene heißt: »Hier kommt Kothner
mit der Fahne im Vordergrunde an« (nach V. 2575), so ist
das nur sinnvoll in der Verbindung mit der zugehörigen
Stelle in der Musik.

Eine Wiedergabe des Textes nach dem Wortlaut der Partitur geht aber nicht nur deshalb fehl, weil sie wesentliche
Dimensionen des Textes in dessen Vertonung unterschlagen
muss; sie ignoriert auch, dass das Textbuch eine eigene Spezies darstellt, ein selbständiges Genre, das als poetisch-literarische Gattung seine eigene Bedeutung hat. Wagner selbst
verstand seine Textbücher in diesem Sinne und nannte sie
daher »Dichtungen«. Er bediente sich bestimmter Vers-
und Reimformen um der poetischen Qualität der Texte willen. Dem nämlichen Ziel diente die Anordnung in Kurz-
und Langzeilen, auf deren akkurate Wiedergabe im Druck
er peinlich genau achtete. Die selbständige Veröffentlichung, also unabhängig von der Komposition und, wie im
vorliegenden Falle, zeitlich großenteils vor dieser, lässt keinen Zweifel daran, welchen Rang Wagner dem Textbuch als
solchem beimaß.

Wenn also einerseits das Textbuch in solcher Weise Eigenständigkeit besitzt und nicht bloß eine Phase im Entstehungsprozess des Ganzen der Oper darstellt, andererseits
der vertonte Text unabhängig von Partitur oder Klavierauszug gar nicht darstellbar ist, dann gibt es für eine Wiedergabe des Textes ohne Musik nur *eine* Lösung: das Textbuch.

Damit der Opernbesucher aber dennoch auch jenen Text vermittelt erhält, der tatsächlich gesungen wird, erscheinen die Veränderungen, die Wagner in der Vertonung vorgenommen hat, in Fußnoten (Varianten lediglich der Interpunktion, sofern sie nicht den Sinn betreffen, ausgenommen). Auf die Wiedergabe der Varianten in den Regiebemerkungen wird dagegen, von Ausnahmen abgesehen, verzichtet.

Die Wiedergabe des Textes folgt der Ausgabe des Textbuches, Mainz 1868 (B. Schott's Söhne). Mit herangezogen wurden die Erstausgabe Mainz 1862 und die Ausgabe in den *Gesammelten Schriften und Dichtungen*, Bd. 7, Leipzig 1873. Dass nicht diese Edition, die gleichsam die Ausgabe letzter Hand ist, zugrunde gelegt wurde, hat seinen Grund in der höchst eigenwilligen Apostrophensetzung, die Wagner darin praktiziert; sie ist einer modernen Lese- und Studienausgabe nicht angemessen. Die Abweichungen der Partitur entstammen der kritischen Ausgabe: Richard Wagner, *Sämtliche Werke*, Bd. 9: *Die Meistersinger von Nürnberg* WWV 96, hrsg. von Egon Voss, Mainz 1979–87.

Egon Voss

Inhalt